oferece uma visão prática e técnica do mercado imobiliário brasileiro, abordando negociações, avaliação de imóveis, documentação e aspectos legais e fiscais. Com exemplos reais e estratégias de marketing, a obra é um guia essencial para profissionais e investidores que buscam tomar decisões informadas e seguras.

O Corretor de Imóveis

A Profissão

Israel_machado@creci.org.br

Introdução

Meu nome é **Israel Machado**, sou corretor de imóveis e avaliador imobiliário credenciado e devidamente legalizado, com alguns anos de experiência no mercado imobiliário brasileiro. Ao longo da minha trajetória, tive o privilégio de vivenciar as diversas nuances desse setor tão dinâmico e, muitas vezes, desafiador. Acredito que, para se destacar neste mercado, é fundamental entender não apenas as transações comerciais, mas também o arcabouço legal que as envolve, os valores que norteiam cada negociação e as habilidades necessárias para lidar com as questões que surgem ao longo do caminho.

Neste livro, meu objetivo é compartilhar com você todo o conhecimento técnico e prático que adquiri ao longo dos anos, focando nas áreas essenciais do mercado imobiliário, com uma abordagem detalhada sobre **negociações, transferências de imóveis, avaliação de propriedades, aspectos legais e fiscais**. A legislação brasileira, especialmente o Código Civil e outras normas reguladoras, desempenha um papel crucial em cada transação imobiliária, e é fundamental compreendê-la para garantir que as operações sejam realizadas de forma correta, segura e vantajosa.

Aprofundarei também as técnicas de avaliação imobiliária, fundamentais para determinar com precisão o valor de um imóvel, e darei uma visão completa das etapas envolvidas na compra e venda, desde o primeiro contato com o cliente até a conclusão da transação, incluindo as questões fiscais e tributárias que muitos ignoram, mas que são essenciais para a regularização de qualquer operação.

Este livro não é apenas para corretores de imóveis ou profissionais da área. Ele é para qualquer pessoa que queira entender melhor como o mercado imobiliário funciona e como navegar nas suas complexidades. Mesmo para investidores ou compradores que buscam segurança e clareza nas suas negociações, aqui você encontrará as informações necessárias para tomar decisões mais informadas e assertivas.

Ao longo das páginas, você encontrará uma linguagem acessível, sem deixar de lado a profundidade técnica, casos práticos que ilustram a realidade do mercado e orientações que buscam simplificar a compreensão de temas legais, como contratos, escritura, registros e impostos.

Prepare-se para aprender, revisar e aprimorar seus conhecimentos, e acima de tudo, para desmistificar o que parece complexo neste universo, mas que, com as ferramentas certas, se torna um campo de oportunidades.

Bem-vindo ao mundo das transações imobiliárias com mais segurança, clareza e excelência!

SUMARIO

Parte 1

Capítulo 1: O Mercado Imobiliário Brasileiro

1.1. A Importância do Mercado Imobiliário para a Economia Brasileira

1.1. A Importância do Mercado Imobiliário para a Economia Brasileira

1.3. Os Principais Segmentos do Mercado Imobiliário

1.4. O Papel do Corretor no Mercado Imobiliário

1.5. Desafios e Oportunidades no Mercado Imobiliário

Conclusão do Capítulo 1

Capítulo 2: Aspectos Legais das Negociações Imobiliárias

2.1. A Importância do Direito Civil nas Transações Imobiliárias

2.2. Contratos de Compra e Venda

2.3. A Importância da Escritura Pública e Registro de Imóveis

2.4. O Papel do Cartório nas Negociações Imobiliárias

2.5. Documentação Necessária para Transações Imobiliárias

2.6. Impostos e Taxas Relacionados à Transação Imobiliária

2.7. A Transferência de Propriedade e a Segurança Jurídica

Conclusão do Capítulo 2

Capítulo 3: Avaliação Imobiliária

3.1. O Papel da Avaliação Imobiliária no Mercado

3.2. Métodos de Avaliação Imobiliária

3.2.1. Método Comparativo Direto de Dados de Mercado

3.2.2. Método da Renda

3.2.3. Método do Custo

3.2.4. Método da Capitalização do Valor do Imóvel

3.3. Fatores que Influenciam a Avaliação Imobiliária

3.3.1. Localização

3.3.2. Tamanho e Características do Imóvel

3.3.3. Idade e Estado de Conservação

3.3.4. Infraestrutura e Comodidades

3.4. A Importância da Avaliação Imobiliária para o Mercado

3.5. A Ética e Responsabilidade do Avaliador Imobiliário

Conclusão do Capítulo 3

Capítulo 4: Negociação Imobiliária

4.1. A Importância da Negociação Imobiliária

4.2. Etapas da Negociação Imobiliária

4.2.1. Preparação da Negociação

4.2.2. Abertura da Negociação

4.2.3. Troca de Propostas e Ajustes

4.2.4. Fechamento do Acordo

4.2.5. Pós-Negociação

4.3. Estratégias de Negociação para Corretores Imobiliários

4.3.1. Construir Relacionamento de Confiança

4.3.2. Conhecer o Mercado Imobiliário

4.3.3. Saber Lidar com Objeções

4.3.4. Manter a Calma sob Pressão

4.4. Aspectos Legais e Éticos nas Negociações

4.5. Desafios Comuns nas Negociações Imobiliárias

Conclusão do Capítulo 4

Capítulo 5: Documentação Imobiliária

5.1. A Importância da Documentação Imobiliária

5.2. Documentação do Imóvel

5.2.1. Escritura do Imóvel

5.2.2. Registro de Imóveis

5.2.3. Planta e Memorial Descritivo

5.2.4. Certificado de Conclusão de Obra

5.3. Documentação do Vendedor

5.3.1. Documento de Identidade e CPF

5.3.2. Certidão de Casamento ou Escritura Pública de União Estável

5.3.3. Certidão de Ônus Reais

5.3.4. Declaração de Imposto de Renda

5.3.5. Comprovante de Quitação de Tributos

5.4. Documentação do Comprador

5.4.1. Documento de Identidade e CPF

5.4.2. Comprovante de Renda

5.4.3. Comprovante de Endereço

5.4.4. Certidão de Casamento ou União Estável (se aplicável)

5.5. Documentos de Financiamento Bancário

5.5.1. Análise de Crédito

5.5.2. Documento do Imóvel

5.5.3. Contrato de Financiamento

5.6. A Verificação da Documentação: A Responsabilidade do Corretor

5.7. Conclusão da Documentação

Conclusão do Capítulo 5

Capítulo 6: Aspectos Tributários no Mercado Imobiliário

6.1. Impostos na Compra e Venda de Imóveis

6.1.1. ITBI (Imposto de Transmissão de Bens Imóveis)

6.1.2. Imposto de Renda sobre Ganho de Capital

6.1.3. IPI (Imposto sobre Produtos Industrializados)

6.2. Tributos sobre o Imóvel durante a Propriedade

6.2.1. IPTU (Imposto Predial e Territorial Urbano)

6.2.2. Taxa de Coleta de Lixo e Taxas Municipais

6.3. Impostos na Locação de Imóveis

6.3.1. IR sobre o Aluguel Recebido

6.3.2. ISS (Imposto sobre Serviços)

6.4. Planejamento Tributário para o Mercado Imobiliário

6.5. Conclusão do Capítulo 6

Capítulo 7: Aspectos Jurídicos da Transação Imobiliária

7.1. O Contrato de Compra e Venda de Imóvel

7.1.1. Elementos Essenciais do Contrato de Compra e Venda

7.2. O Registro de Imóveis

7.2.1. A Importância do Registro

7.2.2. Certidões Importantes

7.3. Garantias nas Transações Imobiliárias

7.3.1. Hipoteca

7.3.2. Penhor

7.3.3. Aval

7.4. Ação de Despejo e Ação Possessória

7.4.1. Ação de Despejo

7.4.2. Ação Possessória

7.5. O Papel do Corretor de Imóveis nas Questões Jurídicas

7.6. Conclusão do Capítulo 7

Capítulo 8: O Processo de Avaliação Imobiliária

8.1. O Papel do Avaliador Imobiliário

8.1.1. Requisitos para o Avaliador Imobiliário

8.2. Métodos de Avaliação Imobiliária

8.2.1. Método Comparativo de Mercado

8.2.2. Método de Custo

8.2.3. Método de Rendimento

8.2.4. Método da Avaliação pela Incorporação

8.3. Elementos Considerados na Avaliação

8.3.1. Localização

8.3.2. Estado de Conservação

8.3.3. Tamanho e Características do Imóvel

8.3.4. Condições de Mercado

8.4. O Laudo de Avaliação

8.4.1. Validade e Utilização do Laudo

8.5. Conclusão do Capítulo 8

Capítulo 9: As Tendências e Inovações no Mercado Imobiliário

9.1. Digitalização e o Uso de Tecnologia no Mercado Imobiliário

9.1.1. Plataformas Digitais e Marketplaces Imobiliários

9.1.2. Realidade Virtual e Aumentada

9.1.3. Big Data e Inteligência Artificial

9.2. Sustentabilidade e Imóveis Ecológicos

9.2.1. Certificação Verde e Construções Sustentáveis

9.2.2. Construções Modularizadas e Pré-Fabricadas

9.3. Financiamento Imobiliário e Novas Modalidades

9.3.1. Crédito Digital e Financiamento Imobiliário Online

9.3.2. Blockchain e Contratos Inteligentes

9.4. A Mudança no Perfil dos Consumidores Imobiliários

9.4.1. Imóveis de Valor Agregado

9.4.2. Investimento em Imóveis como Renda Passiva

9.5. Conclusão do Capítulo 9

Capítulo 10: Estratégias de Marketing Imobiliário

10.1. O Conceito de Marketing Imobiliário

10.1.1. Marketing de Relacionamento

10.1.2. Branding e Construção de Marca

10.2. Ferramentas e Canais de Marketing Imobiliário

10.2.1. Marketing Digital e Redes Sociais

10.2.2. Marketing de Influência

10.2.3. SEO e Marketing de Busca

10.2.4. E-mail Marketing e Automação

10.3. Fotografia e Apresentação Visual de Imóveis

10.3.1. Fotografia Profissional

10.3.2. Vídeos e Tours Virtuais

10.4. Conclusão do Capítulo 10

Capítulo 11: A Negociação Imobiliária - Técnicas e Estratégias

11.1. O Papel da Negociação no Mercado Imobiliário

11.1.1. Entendendo as Necessidades de Ambas as Partes

11.1.2. Criando um Clima de Confiança

11.2. Técnicas de Negociação no Mercado Imobiliário

11.2.1. Técnica da Proposta Inicial Alta

11.2.2. O "Sim" Gradual

11.2.3. Criando Urgência

11.2.4. Concessões Inteligentes

11.2.5. Fechamento Colaborativo

11.3. Aspectos Legais na Negociação Imobiliária

11.4. Conclusão do Capítulo 11

Capítulo 12: A Avaliação Imobiliária - Fundamentos e Métodos

12.1. O Que é Avaliação Imobiliária?

12.1.1. Importância da Avaliação Imobiliária

12.2. Métodos de Avaliação Imobiliária

12.2.1. Método Comparativo de Mercado

12.2.2. Método da Renda

12.2.3. Método de Custo ou Valor de Substituição

12.2.4. Método do Valor de Mercado

12.3. Fatores que Influenciam a Avaliação Imobiliária

12.3.1. Localização

12.3.2. Tamanho e Layout

12.3.3. Estado de Conservação e Idade do Imóvel

12.3.4. Aspectos Legais

12.4. A Importância da Avaliação Imobiliária para Corretores

12.5. Conclusão do Capítulo 12

Capítulo 13: Casos Práticos e Exemplos de Negociações

13.1. Caso 1: Compra de Imóvel Comercial para Empreendimento

13.2. Caso 2: Venda de Imóvel Residencial para Família com Orçamento Restrito

13.3. Caso 3: Venda de Imóvel de Alto Padrão com Dificuldades de Liquidez

13.4. Caso 4: Imóvel com Problemas Jurídicos e a Solução Criativa

13.5. Conclusão do Capítulo 13

Capítulo 14: Casos Práticos e Exemplos de Negociações

14.1. Caso 1: A Negociação de um Imóvel Comercial para Investimento

14.2. Caso 2: Venda de Imóvel Residencial para Famílias com Orçamento Limitado

14.3. Caso 3: Imóvel de Alto Padrão com Dificuldade em Fechar Negócio

14.4. Caso 4: Venda de Imóvel com Problemas Jurídicos

14.5. Conclusão do Capítulo 14

Capítulo 15: Conclusão da Parte 1 do Livro

15.1. A Importância do Conhecimento Técnico e Jurídico

15.2. O Papel do Corretor e Avaliador Imobiliário

15.3. A Negociação Imobiliária: Técnica, Paciência e Estratégia

15.4. Desafios do Mercado Imobiliário e Oportunidades

15.5. Aplicação dos Conhecimentos no Mercado Prático

15.6. A Ética no Mercado Imobiliário

15.7. Conclusão do Capítulo 15

Parte 2

Capítulo 16: Guias Práticos para Compradores e Vendedores de Imóveis

16.1. Como Escolher o Imóvel Certo

16.2. Como se Preparar para a Compra de um Imóvel

16.3. O Processo de Venda: Passo a Passo

16.4. Dicas para Primeira Compra de Imóvel

16.5. Conclusão do Capítulo 16

Capítulo 17: Planejamento e Gestão de Impostos Imobiliários

17.1. Impostos Relevantes no Setor Imobiliário

17.2. Como Minimizar a Carga Tributária em Transações Imobiliárias

17.3. A Tributação sobre Aluguéis: Como Funciona

17.4. Ações Fiscais e Regulares no Mercado Imobiliário

17.5. Conclusão do Capítulo 17

Capítulo 18: A Importância das Plantas e Memorial Descritivo no Setor Imobiliário

18.1. O que é uma Planta e Como Ela Afeta a Avaliação do Imóvel

18.2. O Memorial Descritivo: Elementos Essenciais

18.3. Análise de Plantas para Investidores

18.4. Erros Comuns ao Interpretar Plantas e Memorial Descritivo

18.5. Conclusão do Capítulo 18

Capítulo 19: Como Utilizar Tecnologia no Mercado Imobiliário

19.1. Ferramentas Digitais para Corretores Imobiliários

19.2. A Digitalização das Transações Imobiliárias

19.3. Plataformas de Avaliação Online

19.4. Realidade Aumentada e Virtual no Mercado Imobiliário

19.5. Conclusão do Capítulo 19

Capítulo 20: Preparação para o Futuro do Mercado Imobiliário

20.1. Tendências Futuras no Mercado Imobiliário

20.2. A Sustentabilidade no Mercado Imobiliário

20.3. A Evolução do Perfil do Consumidor de Imóveis

20.4. O Impacto da Inteligência Artificial e Big Data nas Negociações

20.5. Conclusão do Capítulo 20

Capítulo 21: Conclusão Geral da Parte Dois

21.1. Adaptação às Tendências e Inovação no Mercado

21.2. Oportunidades no Segmento de Imóveis de Luxo

21.3. A Relevância da Sustentabilidade e Responsabilidade Social

21.4. Gestão de Riscos e Internacionalização

21.5. O Papel do Profissional Protagonista no Mercado Moderno

---

21.6. Conclusão Final da Parte Dois

Parte 1

Capítulo 1: O Mercado Imobiliário Brasileiro

O mercado imobiliário brasileiro é um dos setores mais robustos e essenciais da economia nacional. Ao longo dos anos, o Brasil experimentou um crescimento significativo nesse segmento, refletindo a constante demanda por imóveis, tanto para fins residenciais quanto comerciais. Esse setor movimenta trilhões de reais, sendo responsável por uma grande parte do Produto Interno Bruto (PIB) do país, além de gerar milhões de empregos diretos e indiretos.

A evolução do mercado imobiliário no Brasil está intimamente ligada ao crescimento das cidades, ao aumento da urbanização e à expansão da classe média. Desde a década de 1950, quando o país iniciou um processo acelerado de industrialização e urbanização, a demanda por imóveis tem sido cada vez mais intensa. Cidades como São Paulo, Rio de Janeiro, Brasília e Belo Horizonte, por exemplo, passaram por um crescimento vertiginoso, exigindo a construção de novos empreendimentos, tanto residenciais quanto comerciais.

1.1. A Importância do Mercado Imobiliário para a Economia Brasileira

O mercado imobiliário no Brasil desempenha um papel crucial no desenvolvimento econômico. Ele não apenas impulsiona o crescimento do PIB, mas também é um motor para outros setores da economia, como a construção civil, a indústria de materiais de construção, o financiamento imobiliário e a gestão patrimonial. Além disso, esse mercado é responsável pela movimentação de grandes quantidades de recursos financeiros, envolvendo desde pequenos investidores até grandes incorporadoras e fundos imobiliários.

Outro ponto importante é o impacto social do mercado imobiliário, que vai além da construção de imóveis. A oferta de moradia tem um efeito direto na qualidade de vida da população, pois envolve não apenas a construção de novos lares, mas também a urbanização de áreas que antes eram periféricas ou subdesenvolvidas. Em muitas cidades, a valorização de bairros populares e a oferta de imóveis a preços acessíveis tem promovido a inclusão social e a melhoria das condições de vida de diversas comunidades.

1.1. A Importância do Mercado Imobiliário para a Economia Brasileira

O mercado imobiliário brasileiro é altamente dinâmico e está constantemente sujeito a transformações. Fatores como taxas de juros, políticas públicas, a inflação e a estabilidade econômica influenciam diretamente o comportamento do mercado. Além disso, a busca por soluções sustentáveis e o aumento da digitalização das transações têm promovido uma transformação nas relações comerciais.

Nos últimos anos, o aumento da busca por imóveis com características sustentáveis e que ofereçam mais qualidade de vida foi um fator que impactou bastante o mercado. Muitos compradores estão cada vez mais atentos a aspectos como eficiência energética, o uso de materiais ecológicos e a acessibilidade a serviços de transporte e lazer. Isso reflete um movimento global de sustentabilidade, que chegou ao mercado imobiliário brasileiro.

1.3. Os Principais Segmentos do Mercado Imobiliário

O mercado imobiliário brasileiro é amplo e abrange diversas categorias de imóveis. A seguir, detalho os principais segmentos desse setor:

- **Imóveis Residenciais**: Este é, sem dúvida, o segmento mais relevante do mercado imobiliário no Brasil. Ele abrange desde imóveis populares, como os financiados pelo programa **Minha Casa Minha Vida**, até imóveis de alto padrão em bairros nobres das grandes cidades. O crescimento da classe média e o aumento da urbanização contribuem para o fortalecimento desse segmento.

- **Imóveis Comerciais**: O mercado de imóveis comerciais tem demonstrado grande potencial, com o crescimento do número de empresas e empreendedores no país. Imóveis destinados ao comércio, escritórios, galpões industriais e shoppings centers são alguns exemplos desse segmento. A demanda por espaços comerciais tem crescido em paralelo ao aumento da atividade empresarial no Brasil.

- **Imóveis de Luxo**: Este segmento é caracterizado por imóveis de alto valor, geralmente localizados em regiões privilegiadas, como zonas centrais e áreas à beira-mar. Embora seja um nicho, o mercado de imóveis de luxo tem mostrado grande resiliência, com um número crescente de compradores dispostos a investir em propriedades exclusivas.

- **Imóveis para Investimento**: Muitos investidores veem o mercado imobiliário como uma maneira de proteger seu patrimônio e obter retorno financeiro. O crescimento de **fundos imobiliários** e o crescente interesse por imóveis de aluguel têm sido uma tendência importante, com muitos investidores optando por aplicar seu dinheiro em imóveis para alugar ou revender.

1.4. O Papel do Corretor no Mercado Imobiliário

O corretor de imóveis desempenha uma função central nesse cenário. É o profissional responsável por intermediar as transações, garantindo que as negociações sejam feitas de maneira justa e transparente. O trabalho do corretor vai além da simples venda de imóveis; ele envolve uma série de etapas que vão desde a avaliação do imóvel até a negociação do preço, passando pela análise de documentos e contratos, o que exige grande conhecimento sobre as leis que regem o setor imobiliário.

Um bom corretor deve ser conhecedor das particularidades do mercado local, entender as necessidades de seus clientes e estar sempre atualizado quanto às mudanças nas normas legais e no comportamento do mercado. Esse profissional também deve ter habilidade para lidar com a emoção de seus clientes, especialmente em momentos de compra ou venda de imóveis, que são decisões de grande importância na vida de muitas pessoas.

1.5. Desafios e Oportunidades no Mercado Imobiliário

Como qualquer mercado, o imobiliário brasileiro enfrenta desafios e oportunidades. A instabilidade econômica, a alta carga tributária e os juros elevados são fatores que podem impactar a dinâmica das transações imobiliárias. No entanto, ao mesmo tempo, a constante demanda por moradia e os programas de financiamento habitacional criam oportunidades para profissionais do setor.

A evolução das tecnologias também representa uma grande oportunidade. O uso de **plataformas digitais** para a compra e venda de imóveis, a avaliação online de propriedades e a utilização de **realidade aumentada** para visitas virtuais são tendências que têm transformado o mercado imobiliário, tornando as transações mais rápidas, seguras e acessíveis.

Conclusão do Capítulo 1

Este primeiro capítulo apresentou uma visão geral do mercado imobiliário brasileiro, abordando sua importância econômica, a dinâmica de seus diversos segmentos e o papel crucial dos profissionais envolvidos. O próximo capítulo irá aprofundar-se nas questões legais que permeiam as transações imobiliárias, oferecendo uma compreensão detalhada sobre como o direito civil brasileiro regula as negociações de imóveis.

Capítulo 2: Aspectos Legais das Negociações Imobiliárias

No Brasil, as transações imobiliárias são regidas por uma série de normas legais que garantem a segurança e a transparência dos processos de compra, venda, aluguel e transferência de propriedades. Compreender esses aspectos legais é fundamental não apenas para quem atua como corretor ou avaliador, mas também para quem deseja realizar uma negociação de forma segura e eficaz. Neste capítulo, vamos explorar as principais normas que regem o mercado imobiliário brasileiro, com foco nas **contratações, contratos, escritura pública, registros e direitos de propriedade**.

2.1. A Importância do Direito Civil nas Transações Imobiliárias

O **Código Civil Brasileiro** (Lei nº 10.406/2002) é a principal legislação que regula as relações civis no Brasil, e, em particular, as transações imobiliárias. Ele estabelece as diretrizes para a **compra e venda** de imóveis, a **locação**, a **doação** e a **hipoteca**, além de regulamentar os direitos e deveres das partes envolvidas em uma transação.

O Código Civil aborda a negociação de imóveis de forma detalhada, definindo aspectos essenciais, como a **capacidade jurídica** das partes envolvidas, a **forma dos contratos** e as **obrigações** de cada uma delas. Por exemplo, para a compra e venda de imóveis, é necessário que haja um contrato por escrito, registrado e com a devida **escritura pública**, que, por sua vez, deve ser lavrada em cartório.

2.2. Contratos de Compra e Venda

A **compra e venda de imóveis** é uma das transações mais comuns no mercado imobiliário e envolve uma série de etapas legais para garantir que o processo seja seguro. O contrato de compra e venda, que é o primeiro passo formal para a negociação de um imóvel, deve sempre ser feito por escrito, para evitar futuras disputas jurídicas.

Existem dois tipos de contrato: o **contrato de promessa de compra e venda** e o **contrato de compra e venda definitivo**.

- **Contrato de Promessa de Compra e Venda**: Este contrato é uma espécie de pré-contrato, no qual as partes se comprometem a realizar a transação no futuro, desde que cumpram algumas condições previamente acordadas. Ele não transfere a propriedade do imóvel, mas garante que o comprador terá o direito de adquiri-lo quando as condições forem atendidas.

- **Contrato de Compra e Venda Definitivo**: Este é o contrato final, no qual ocorre a transferência da propriedade do imóvel para o comprador. É o documento que formaliza a transação, sendo necessário registrá-lo no cartório de imóveis para que a venda seja considerada válida perante terceiros.

2.3. A Importância da Escritura Pública e Registro de Imóveis

Após a assinatura do contrato de compra e venda, é essencial que o próximo passo seja a **lavratura da escritura pública**. A escritura pública é um documento oficial, elaborado em cartório, que formaliza a transação e a torna pública. Para que a compra e venda do imóvel tenha efeito perante terceiros, a escritura precisa ser registrada no **cartório de registro de imóveis**.

O **registro de imóveis** é uma etapa crucial para garantir a segurança jurídica da transação. Ele confere a publicidade da propriedade, estabelecendo que o comprador é o legítimo proprietário do imóvel. Sem o registro, a venda não tem eficácia plena, e o vendedor poderia, por exemplo, vender o mesmo imóvel para outra pessoa.

2.4. O Papel do Cartório nas Negociações Imobiliárias

Os **cartórios de registro de imóveis** são órgãos públicos essenciais no processo de compra e venda de imóveis. Eles têm a função de garantir que todas as transações imobiliárias sejam registradas de acordo com a legislação vigente, assegurando que o direito de propriedade seja reconhecido oficialmente.

Além disso, os cartórios são responsáveis por realizar outras funções relevantes, como a **verificação de documentos** (certidões negativas de débito, por exemplo), e a **avaliação de valores** de impostos relacionados à transação, como o **ITBI** (Imposto de Transmissão de Bens Imóveis). Sem a atuação do cartório, a transação imobiliária não é oficialmente reconhecida, o que pode gerar uma série de problemas para as partes envolvidas.

2.5. Documentação Necessária para Transações Imobiliárias

Um aspecto fundamental das transações imobiliárias é a **documentação** exigida para garantir que tudo seja feito conforme a lei. A documentação varia de acordo com o tipo de transação (compra e venda, doação, etc.), mas em linhas gerais, os seguintes documentos são essenciais:

- **Para o comprador**: Documento de identidade (RG ou CNH), CPF, comprovante de residência, comprovante de renda (se for financiar o imóvel) e certidões negativas de débito.
- **Para o vendedor**: Documento de identidade, CPF, certidão de casamento (caso seja casado), escritura do imóvel, certidão negativa de débitos fiscais (ITBI, IPTU), entre outros.
- **Do imóvel**: Certidão de registro de imóveis atualizada, escritura pública anterior, planta baixa (em alguns casos) e comprovantes de quitação de impostos.

Além disso, em transações de **financiamento imobiliário**, é necessário que o comprador apresente documentos adicionais que comprovem a sua capacidade de pagar o financiamento, como **comprovantes de renda e histórico de crédito**.

2.6. Impostos e Taxas Relacionados à Transação Imobiliária

Cada transação imobiliária está sujeita ao pagamento de impostos e taxas que devem ser observados pelas partes envolvidas. Os principais impostos relacionados a transações imobiliárias são:

- **ITBI (Imposto de Transmissão de Bens Imóveis)**: Esse imposto é pago pelo comprador e varia de acordo com a cidade e o valor do imóvel. Ele é pago antes da assinatura da escritura e deve ser comprovado antes do registro no cartório de imóveis.

- **IPTU (Imposto Predial e Territorial Urbano)**: Embora o IPTU não seja um imposto incidente sobre a transação, é importante que o vendedor esteja em dia com esse imposto antes de realizar a venda, já que o comprador pode assumir débitos pendentes se o imposto não for quitado.

- **IR sobre Ganho de Capital**: Se o vendedor obteve lucro na transação, ele pode estar sujeito ao Imposto de Renda sobre o ganho de capital, caso o imóvel tenha sido vendido por um valor superior ao de sua aquisição.

2.7. A Transferência de Propriedade e a Segurança Jurídica

Um dos aspectos mais importantes da negociação imobiliária é a **transferência da propriedade**. Para garantir que a transferência seja segura, tanto para o comprador quanto para o vendedor, é imprescindível que todas as etapas legais sejam seguidas à risca. A escritura pública, o registro em cartório e o pagamento dos impostos são etapas essenciais para assegurar a **segurança jurídica** da transação.

Além disso, a **regularização do imóvel** é um fator importante que não pode ser ignorado. O imóvel deve estar livre de pendências jurídicas (como dívidas, litígios ou ocupações irregulares) para que a transferência de propriedade seja validada de forma plena.

Conclusão do Capítulo 2

Este capítulo forneceu uma visão detalhada sobre os aspectos legais que envolvem as transações imobiliárias, enfatizando a importância do cumprimento das formalidades legais, como a assinatura de contratos, a lavratura de escritura pública e o registro no cartório de imóveis. No próximo capítulo, abordaremos os processos de avaliação imobiliária, detalhando os métodos utilizados para determinar o valor justo dos imóveis e a importância da avaliação correta nas transações.

Capítulo 3: Avaliação Imobiliária

A avaliação imobiliária é um dos pilares do mercado imobiliário. Saber determinar o valor de um imóvel de forma precisa e confiável é fundamental para garantir que as transações sejam justas, seguras e eficientes. Este capítulo irá explorar os principais métodos de avaliação imobiliária, a importância de uma avaliação correta, os fatores que influenciam o valor de um imóvel e como os profissionais do setor devem proceder para realizar uma avaliação precisa.

3.1. O Papel da Avaliação Imobiliária no Mercado

A avaliação imobiliária é um processo técnico que busca determinar o valor de mercado de um imóvel com base em diferentes variáveis. Esse processo é fundamental tanto para o comprador quanto para o vendedor, pois ajuda a evitar prejuízos e a garantir que as partes envolvidas estejam cientes do valor justo do imóvel.

A avaliação correta de um imóvel também é importante para o **financiamento bancário**, já que as instituições financeiras exigem uma avaliação detalhada antes de conceder um empréstimo para a compra de um imóvel. Além disso, a avaliação é essencial para fins de **transparência tributária**, garantindo que os impostos sejam pagos de acordo com o valor real do imóvel, como o **ITBI** (Imposto de Transmissão de Bens Imóveis).

3.2. Métodos de Avaliação Imobiliária

Existem diferentes métodos de avaliação imobiliária, cada um adequado para determinado tipo de imóvel e situação. Os principais métodos utilizados no Brasil são:

3.2.1. Método Comparativo Direto de Dados de Mercado

Este é o método mais utilizado na avaliação de imóveis residenciais e comerciais. Ele consiste em comparar o imóvel a ser avaliado com outros imóveis semelhantes que foram vendidos recentemente na mesma região. Os critérios usados para a comparação incluem localização, área construída, estado de conservação, características e infraestrutura da vizinhança.

Para realizar a avaliação por esse método, o avaliador deve obter **dados de transações anteriores** de imóveis semelhantes (com as mesmas características e no mesmo bairro ou região), corrigindo as diferenças de preço com base em ajustes específicos, como a idade do imóvel, o estado de conservação e as comodidades adicionais (piscina, garagem, etc.).

3.2.2. Método da Renda

Este método é utilizado para imóveis comerciais ou para imóveis de aluguel. Ele se baseia na capacidade do imóvel de gerar **renda líquida** ao longo do tempo. O avaliador calcula o valor presente das receitas futuras que o imóvel pode gerar (como aluguéis), descontando as despesas operacionais e utilizando uma taxa de retorno adequada ao risco do investimento.

Esse método é especialmente relevante para investidores, pois permite avaliar o valor de um imóvel com base no retorno financeiro que ele pode proporcionar, considerando a rentabilidade do aluguel ou da exploração comercial do imóvel.

3.2.3. Método do Custo

O método do custo é utilizado principalmente para avaliar imóveis que estão em processo de construção ou imóveis com características únicas, difíceis de comparar diretamente com outros já existentes no mercado. Nesse método, o avaliador calcula o valor do imóvel com base no custo de reposição, ou seja, quanto seria necessário para construir um imóvel similar, levando em consideração o preço dos materiais, a mão de obra, a infraestrutura e os custos indiretos.

Este método é utilizado em casos de imóveis novos, em construção ou com características especiais, onde a comparação com o mercado não é viável.

3.2.4. Método da Capitalização do Valor do Imóvel

Este método é usado principalmente para propriedades comerciais e de investimento, como prédios de apartamentos alugados ou imóveis industriais. A capitalização do valor do imóvel envolve a estimativa de quanto o imóvel pode gerar de **lucro** por meio de sua operação, como aluguel ou uso comercial. O valor de mercado é calculado a partir do rendimento que o imóvel pode gerar, usando uma taxa de capitalização apropriada ao tipo de imóvel.

3.3. Fatores que Influenciam a Avaliação Imobiliária

A avaliação de um imóvel não depende apenas de cálculos matemáticos, mas também de uma análise detalhada de vários fatores que podem influenciar seu valor. Alguns dos principais fatores a serem considerados são:

3.3.1. Localização

A localização do imóvel é um dos fatores mais importantes na avaliação imobiliária. Imóveis situados em regiões centrais, perto de centros comerciais, escolas, hospitais e outros serviços têm maior valor de mercado do que imóveis em áreas mais distantes ou com infraestrutura limitada.

A valorização de uma área também pode ser afetada por novos investimentos públicos ou privados, como a construção de transporte público, a instalação de novos centros comerciais ou a valorização do entorno.

3.3.2. Tamanho e Características do Imóvel

O tamanho do imóvel (m²) é um dos principais determinantes de seu valor. Imóveis maiores tendem a ter maior valor de mercado. Além disso, características como o número de quartos, suítes, banheiros, vagas de garagem, presença de áreas de lazer e outros itens de conforto podem influenciar no preço final da avaliação.

Imóveis com características diferenciadas, como arquitetura de alto padrão ou acabamentos de luxo, também tendem a ser avaliados mais alto.

3.3.3. Idade e Estado de Conservação

Imóveis mais novos geralmente têm um valor mais alto, mas imóveis mais antigos, bem conservados, com reformas ou que foram bem mantidos ao longo dos anos, também podem apresentar boa valorização. O estado de conservação afeta diretamente a avaliação, e muitas vezes um imóvel antigo, mas bem cuidado, pode valer mais que um imóvel novo em más condições.

3.3.4. Infraestrutura e Comodidades

A infraestrutura do imóvel e da região em que ele se encontra também são determinantes para o valor de mercado. A proximidade de **transporte público**, a segurança da região, a existência de **escolas, hospitais, supermercados** e outros serviços podem agregar valor ao imóvel. Além disso, comodidades como **piscina**, **academia**, **áreas comuns bem planejadas** ou outros diferenciais também são importantes para a avaliação.

3.4. A Importância da Avaliação Imobiliária para o Mercado

A avaliação imobiliária desempenha um papel crucial na proteção de todas as partes envolvidas em uma negociação. Para os **compradores**, a avaliação garante que eles não paguem mais do que o valor real do imóvel; para os **vendedores**, ela assegura que o preço pedido seja justo e dentro da realidade de mercado. Para as **instituições financeiras**, a avaliação é essencial para garantir que os empréstimos concedidos tenham lastro suficiente.

Além disso, a avaliação imobiliária ajuda na **planejamento tributário**, permitindo que os impostos como o **ITBI** e **IPTU** sejam calculados corretamente, evitando futuros litígios.

3.5. A Ética e Responsabilidade do Avaliador Imobiliário

O avaliador imobiliário deve ser imparcial e ter total compromisso com a verdade e a precisão dos dados apresentados. Realizar uma avaliação baseada em informações falsas ou tendenciosas pode resultar em grandes prejuízos para o cliente, além de comprometer a credibilidade do profissional. A ética profissional e a responsabilidade são aspectos fundamentais para garantir a confiança nas transações imobiliárias.

Conclusão do Capítulo 3

Neste capítulo, abordamos os principais métodos de avaliação imobiliária e os fatores que influenciam o valor de um imóvel. A avaliação precisa e justa de um imóvel é essencial para garantir transações imobiliárias seguras e transparentes, além de proteger os interesses de todas as partes envolvidas. No próximo capítulo, vamos explorar o processo de **negociação imobiliária**, desde o primeiro contato com o cliente até a finalização da transação.

Capítulo 4: Negociação Imobiliária

A negociação imobiliária é uma das etapas mais importantes e delicadas no processo de compra, venda ou locação de imóveis. Uma negociação bem conduzida pode resultar em um acordo vantajoso para ambas as partes, enquanto uma negociação mal feita pode levar a problemas jurídicos, financeiros e pessoais. Neste capítulo, vamos abordar as principais técnicas e estratégias de negociação imobiliária, a importância da comunicação eficaz e como lidar com as questões legais durante o processo de negociação.

4.1. A Importância da Negociação Imobiliária

A negociação imobiliária é o momento em que as partes envolvidas em uma transação chegam a um acordo sobre o valor do imóvel, as condições de pagamento e outros aspectos importantes da transação. Uma boa negociação deve ser vantajosa para todas as partes, equilibrando os interesses do comprador e do vendedor, e garantindo que a transação seja segura e transparente.

Para os **corretores de imóveis**, a habilidade de negociar eficazmente é crucial. Um corretor bem-sucedido deve ser capaz de mediar o processo de forma objetiva e assertiva, entendendo as necessidades de ambas as partes e garantindo que todos os termos do contrato sejam claros e justos.

4.2. Etapas da Negociação Imobiliária

O processo de negociação imobiliária pode ser dividido em várias etapas, cada uma com suas peculiaridades e desafios. As principais etapas são:

4.2.1. Preparação da Negociação

Antes de iniciar qualquer negociação, é fundamental que todas as partes envolvidas estejam bem preparadas. Para o **corretor de imóveis**, isso significa:

- **Conhecer o imóvel**: Saber todos os detalhes do imóvel que está sendo negociado, como características, valor de mercado, histórico de vendas na região, entre outros.

- **Entender as necessidades do cliente**: Ouvir o comprador e o vendedor para entender suas expectativas e limitações. Saber o que é mais importante para cada parte (valor, prazo de pagamento, condições específicas) é crucial para o sucesso da negociação.

- **Analisar o mercado**: Estar ciente das condições do mercado imobiliário local, das tendências de preços e da demanda por imóveis na região.

4.2.2. Abertura da Negociação

Na abertura da negociação, é importante estabelecer um **clima de confiança** entre as partes. O corretor deve ser claro sobre as condições de venda, destacando os pontos fortes do imóvel e ajudando as partes a entenderem as opções disponíveis. Para isso, o corretor pode:

- Apresentar o imóvel de forma detalhada, enfatizando seus pontos positivos e explicando suas características e vantagens.

- Estabelecer uma **primeira proposta** para o comprador ou vendedor, de forma transparente e sem pressão, permitindo que ambos se sintam confortáveis durante o processo.

4.2.3. Troca de Propostas e Ajustes

Nesta etapa, as partes começam a apresentar suas propostas e contrapropostas. O objetivo é chegar a um ponto em que ambas as partes sintam que o acordo é justo e benéfico. Aqui, o corretor deve ter habilidade para:

- **Escutar ativamente** as preocupações e necessidades de ambas as partes, buscando sempre o melhor acordo possível.

- **Flexibilidade**: Embora seja importante manter o valor e as condições do imóvel, o corretor deve estar preparado para realizar ajustes razoáveis, como prazos de pagamento ou condições especiais, desde que não comprometam a segurança jurídica da transação.

- **Gestão das emoções**: Muitas vezes, as negociações podem ser influenciadas por emoções como medo, ansiedade ou até mesmo desconfiança. O corretor deve agir como mediador, ajudando as partes a manter a calma e o foco no objetivo comum.

4.2.4. Fechamento do Acordo

Uma vez que as partes chegam a um acordo, o fechamento da negociação é a etapa final. O corretor de imóveis deve garantir que todos os detalhes da transação estejam claros e formalizados, a fim de evitar problemas futuros. Para isso, deve:

- **Revisar todos os termos** do contrato de compra e venda, incluindo preço, prazo de pagamento, condições de financiamento (se houver), cláusulas adicionais e eventuais responsabilidades de cada parte.

- **Orientar o comprador e o vendedor** sobre as etapas subsequentes, como a lavratura da escritura, o pagamento do ITBI, a necessidade de registros e os impostos envolvidos.

- **Verificar a documentação**: O corretor deve garantir que toda a documentação necessária para a transação esteja em ordem e completa, evitando surpresas de última hora.

4.2.5. Pós-Negociação

Após o fechamento da negociação, o trabalho do corretor não termina. A **pós-negociação** envolve o acompanhamento da transação até a sua conclusão, assegurando que todas as condições acordadas sejam cumpridas. Isso inclui:

- **Acompanhamento do pagamento**: Garantir que o pagamento do imóvel seja feito conforme o combinado, seja à vista ou por meio de financiamento.
- **Acompanhamento da assinatura da escritura**: Certificar-se de que a escritura pública seja devidamente lavrada e registrada no cartório, formalizando a transferência de propriedade.
- **Solução de eventuais problemas**: Caso surjam problemas após a negociação (como disputas sobre o valor de impostos ou questões contratuais), o corretor deve ajudar a resolver a situação de maneira amigável, se possível.

4.3. Estratégias de Negociação para Corretores Imobiliários

Existem várias estratégias que um corretor pode usar para garantir o sucesso na negociação imobiliária. Algumas das mais eficazes incluem:

4.3.1. Construir Relacionamento de Confiança

A base de qualquer boa negociação é a confiança. O corretor deve ser transparente, honesto e ético, agindo sempre no melhor interesse de todas as partes. Isso ajuda a criar um ambiente de respeito mútuo, facilitando o fechamento do negócio.

4.3.2. Conhecer o Mercado Imobiliário

Para negociar de maneira eficaz, o corretor deve ter um **conhecimento profundo do mercado local**, incluindo preços, tendências e oportunidades. Isso permite que ele forneça informações valiosas ao cliente, ajudando-o a tomar decisões informadas.

4.3.3. Saber Lidar com Objeções

Durante a negociação, é natural que surjam objeções. O corretor deve estar preparado para lidar com essas objeções de maneira construtiva, apresentando alternativas ou explicações que ajudem a convencer a outra parte a avançar.

4.3.4. Manter a Calma sob Pressão

Negociações imobiliárias podem ser intensas, com prazos apertados e pressões emocionais. Manter a calma e a objetividade é crucial para garantir que a negociação seja bem-sucedida. O corretor deve ser um facilitador, ajudando as partes a focarem no objetivo final.

4.4. Aspectos Legais e Éticos nas Negociações

Durante a negociação, é fundamental que o corretor tenha conhecimento dos **aspectos legais** que regem as transações imobiliárias. Isso inclui garantir que todos os contratos sejam devidamente formalizados e que as leis e regulamentações sejam seguidas. Além disso, a ética profissional deve ser sempre a base de qualquer negociação, respeitando os direitos de todas as partes envolvidas.

4.5. Desafios Comuns nas Negociações Imobiliárias

Apesar de todo o planejamento e preparação, as negociações imobiliárias podem enfrentar diversos desafios, como:

- **Mudanças inesperadas nos termos da transação**, como aumento de preço ou alteração nas condições de pagamento.
- **Conflitos de interesse** entre o comprador e o vendedor, que podem levar a um impasse na negociação.
- **Questões jurídicas**, como pendências de documentação ou problemas com o registro de imóveis.

Para superar esses desafios, o corretor deve ser flexível, ter boas habilidades de comunicação e manter um bom relacionamento com advogados e outros profissionais do setor.

Conclusão do Capítulo 4

A negociação imobiliária é uma habilidade essencial para o corretor de imóveis, e deve ser conduzida com transparência, ética e atenção aos detalhes. Conhecer as etapas do processo, entender as estratégias de negociação e estar preparado para lidar com os aspectos legais são fundamentais para o sucesso no mercado imobiliário. No próximo capítulo, vamos explorar a **documentação necessária** para garantir que todas as transações imobiliárias sejam feitas de forma legal e segura.

Capítulo 5: Documentação Imobiliária

A documentação imobiliária é uma das etapas mais importantes de uma transação imobiliária, seja para compra, venda, locação ou qualquer outra operação envolvendo imóveis. Garantir que todos os documentos estejam em ordem é essencial para a segurança jurídica de todas as partes envolvidas. Neste capítulo, vamos explorar os principais documentos exigidos, as peculiaridades de cada um e a importância de sua verificação antes de concluir qualquer negociação.

5.1. A Importância da Documentação Imobiliária

A documentação adequada é fundamental para garantir que uma transação imobiliária seja **legalmente válida** e que os direitos das partes sejam protegidos. A falta de documentos ou a existência de documentos falsificados pode resultar em litígios judiciais, perdas financeiras e até mesmo nulidade da transação.

Além disso, a verificação de documentos também é uma maneira de proteger o **comprador** contra fraudes ou problemas jurídicos, como a presença de ônus ou dívidas associadas ao imóvel. Para os **vendedores**, garantir a documentação em ordem agiliza o processo e evita contratempos. Portanto, tanto para quem compra quanto para quem vende, estar atento à documentação é uma das principais responsabilidades de qualquer transação imobiliária.

5.2. Documentação do Imóvel

A primeira parte da documentação que deve ser verificada em qualquer transação imobiliária é a do próprio imóvel. Essa documentação é crucial para assegurar que o imóvel possa ser transferido legalmente para o novo proprietário. Alguns dos documentos principais incluem:

5.2.1. Escritura do Imóvel

A **escritura pública de compra e venda** é o documento que formaliza a transação do imóvel. Sem a escritura, a transferência de propriedade não se torna válida perante a lei. No caso de imóveis registrados, a escritura é registrada em cartório, garantindo a segurança jurídica do comprador.

- Para imóveis **não registrados**, será necessário realizar o processo de registro, o que é essencial para garantir a transferência de titularidade do bem.
- A escritura deve ser assinada por todas as partes envolvidas na transação, e a presença de um advogado pode ser necessária para garantir que todas as formalidades legais sejam cumpridas.

5.2.2. Registro de Imóveis

Após a assinatura da escritura, a transação do imóvel deve ser registrada no **Cartório de Registro de Imóveis**. Esse registro torna a transação oficial e garante que o comprador tenha os direitos sobre o imóvel.

- **Certidão de Ônus Reais**: Antes de registrar o imóvel, é importante verificar a existência de ônus, como hipotecas, penhoras ou ações judiciais que possam afetar a propriedade. Essa certidão informa se há algum impedimento para a transferência de propriedade.
- **Certidão de Inteiro Teor**: Esta certidão traz o histórico completo de registros do imóvel, incluindo a data de aquisição, registros anteriores e eventuais pendências que possam existir.

5.2.3. Planta e Memorial Descritivo

A **planta** do imóvel é o desenho arquitetônico que detalha a distribuição do imóvel, enquanto o **memorial descritivo** descreve as características da construção e seus materiais. Esses documentos são especialmente importantes quando o imóvel está sendo vendido ainda na planta ou se foi reformado recentemente.

5.2.4. Certificado de Conclusão de Obra

Se o imóvel for novo, ou se houver uma reforma significativa, é importante verificar o **Certificado de Conclusão de Obra** emitido pela prefeitura. Este documento comprova que a obra foi concluída de acordo com as normas urbanísticas e que o imóvel pode ser habitado.

5.3. Documentação do Vendedor

Além da documentação do imóvel, também é necessário verificar a documentação do **vendedor**. A seguir, estão os documentos mais comuns exigidos para a formalização de uma venda:

5.3.1. Documento de Identidade e CPF

O **RG** e o **CPF** do vendedor são necessários para verificar a identidade do proprietário e garantir que ele tem a capacidade legal para vender o imóvel. No caso de pessoas jurídicas, será exigido o **CNPJ** da empresa e documentos específicos de seus representantes legais.

5.3.2. Certidão de Casamento ou Escritura Pública de União Estável

Caso o vendedor seja casado ou viva em união estável, é necessário apresentar a **certidão de casamento** ou a **escritura pública de união estável**. Isso é essencial para garantir que o cônjuge ou companheiro(a) também concorde com a venda, evitando problemas de contestação no futuro.

5.3.3. Certidão de Ônus Reais

Assim como o comprador precisa de uma certidão do imóvel, o vendedor deve fornecer a **certidão de ônus reais** do imóvel em seu nome, garantindo que não há nenhum impedimento ou dívida pendente sobre o bem.

5.3.4. Declaração de Imposto de Renda

O vendedor deve apresentar também a **declaração de Imposto de Renda**, especialmente se o imóvel for uma fonte de receita (como no caso de imóveis alugados). Esse documento serve para comprovar a regularidade fiscal do vendedor.

5.3.5. Comprovante de Quitação de Tributos

O vendedor deve apresentar um comprovante de quitação do **IPTU** (Imposto Predial e Territorial Urbano) e de outros tributos municipais relacionados ao imóvel. Caso o imóvel possua alguma pendência tributária, o vendedor deverá resolvê-la antes de transferir a propriedade.

5.4. Documentação do Comprador

O comprador também deve fornecer documentos que comprovem sua identidade e sua capacidade financeira para realizar a transação. Entre os documentos exigidos, destacam-se:

5.4.1. Documento de Identidade e CPF

O comprador precisa apresentar **RG** e **CPF** para confirmar sua identidade e garantir que ele tenha os requisitos legais para adquirir o imóvel.

5.4.2. Comprovante de Renda

O comprovante de **renda** é exigido, principalmente, para **financiamento bancário**. Esse documento serve para comprovar a capacidade do comprador de arcar com as parcelas do financiamento, caso esse seja o método de pagamento escolhido.

5.4.3. Comprovante de Endereço

O comprador deve fornecer também um **comprovante de residência** recente, como uma conta de luz, água ou telefone, para atestar seu local de moradia.

5.4.4. Certidão de Casamento ou União Estável (se aplicável)

Se o comprador for casado ou estiver em união estável, também será necessário apresentar a **certidão de casamento** ou **escritura pública de união estável**, para que o cônjuge ou companheiro(a) assine a escritura de compra e venda.

5.5. Documentos de Financiamento Bancário

Caso a transação envolva um financiamento bancário, a documentação necessária será mais extensa. Além dos documentos pessoais e de renda do comprador, o banco exigirá:

5.5.1. Análise de Crédito

A análise de crédito verifica a capacidade do comprador de pagar o financiamento. O banco fará uma análise detalhada do histórico financeiro do comprador, incluindo dívidas pendentes, score de crédito e outros fatores.

5.5.2. Documento do Imóvel

Além da documentação do comprador, o banco exigirá documentos do imóvel, como a **certidão de registro de imóveis**, para garantir que o imóvel está livre de dívidas e que pode ser dado como garantia no financiamento.

5.5.3. Contrato de Financiamento

O contrato de financiamento é um documento formal que estabelece as condições de pagamento, taxas de juros, prazos e outras cláusulas relativas ao financiamento do imóvel.

5.6. A Verificação da Documentação: A Responsabilidade do Corretor

O corretor de imóveis tem um papel crucial na verificação de toda a documentação necessária. Embora a responsabilidade final sobre a documentação e a legalidade da transação seja das partes envolvidas e de seus advogados, o corretor deve garantir que todos os documentos exigidos sejam apresentados e estejam em ordem. Além disso, é importante que o corretor oriente os seus clientes sobre os documentos necessários e os ajude a compreender sua importância.

5.7. Conclusão da Documentação

Após a verificação e a coleta de todos os documentos, a transação pode seguir para a próxima etapa: a assinatura da escritura e o registro no cartório de imóveis. Com toda a documentação em ordem, as partes podem concluir a negociação com segurança, evitando problemas legais e financeiros no futuro.

Conclusão do Capítulo 5

Neste capítulo, abordamos a importância da documentação imobiliária e detalhamos os principais documentos envolvidos nas transações imobiliárias. A verificação cuidadosa e a organização dessa documentação são fundamentais para garantir a segurança jurídica de todos os envolvidos na negociação. No próximo capítulo, vamos explorar **aspectos tributários** no mercado imobiliário e como eles impactam as transações.

como eles impactam as transações.

Capítulo 6: Aspectos Tributários no Mercado Imobiliário

No Brasil, o mercado imobiliário é um dos setores que mais movimenta a economia, mas também é um dos que mais exige atenção aos aspectos tributários. Cada transação imobiliária pode envolver diferentes tipos de impostos e taxas, que, se não forem corretamente administrados, podem gerar custos adicionais e até mesmo problemas legais para os envolvidos. Neste capítulo, abordaremos os principais tributos que afetam o mercado imobiliário, suas implicações fiscais e a forma correta de lidar com eles para garantir uma transação segura e sem surpresas.

6.1. Impostos na Compra e Venda de Imóveis

A compra e venda de imóveis no Brasil está sujeita a uma série de tributos. Os principais impostos que impactam diretamente essa transação são:

6.1.1. ITBI (Imposto de Transmissão de Bens Imóveis)

O **ITBI** é um imposto municipal que incide sobre a **transferência de propriedade** de imóveis. Ele é cobrado no momento da compra de um imóvel e seu valor varia de acordo com o município em que a transação ocorre. O percentual do ITBI normalmente varia entre 2% e 4% sobre o valor da transação ou sobre o valor venal do imóvel, dependendo do que for maior.

- **Responsabilidade pelo pagamento**: O ITBI é pago pelo **comprador**, embora em alguns casos o vendedor possa assumir esse custo de forma negociada.
- **Exceções e Isenções**: Existem algumas exceções e isenções do ITBI, como no caso de transferências de imóveis para fins de herança ou doações, ou em transações que envolvam imóveis da **faixa 1 do programa Minha Casa, Minha Vida**. Cada município tem suas próprias normas, por isso é essencial verificar as condições locais.

6.1.2. Imposto de Renda sobre Ganho de Capital

Quando um imóvel é vendido por um preço superior ao que foi adquirido, a diferença de valor pode gerar o chamado **ganho de capital**, que é tributado pela **Receita Federal**. O **Imposto de Renda sobre Ganho de Capital** varia conforme o valor do ganho e pode ser de até **15%** sobre a diferença.

- **Isenção do Imposto de Renda sobre Ganho de Capital**: Existem algumas situações em que o vendedor pode ser isento desse imposto. Por exemplo, se o imóvel for vendido por valor inferior a **R$ 440.000**, ou se o vendedor não tiver vendido nenhum outro imóvel nos últimos 5 anos.
- **Como declarar o ganho de capital**: O contribuinte deve informar a venda do imóvel e o ganho de capital na declaração anual de Imposto de Renda. A partir de 2020, a apuração do ganho de capital deve ser feita também na **Declaração de Ajuste Anual** do Imposto de Renda.

6.1.3. IPI (Imposto sobre Produtos Industrializados)

O **IPI** pode ser aplicável quando se trata de imóveis novos adquiridos diretamente de construtoras. Nesse caso, o imposto é pago pela construtora, mas é repassado ao comprador, que o paga embutido no valor da aquisição do imóvel.

- **Isenção do IPI**: Em alguns casos, o **IPI** pode ser isento ou reduzido, dependendo do tipo de imóvel e da política tributária do governo.

6.2. Tributos sobre o Imóvel durante a Propriedade

Além dos impostos sobre a transação, quem é proprietário de um imóvel também está sujeito a tributos periódicos. Os principais impostos relacionados à posse de um imóvel são:

6.2.1. IPTU (Imposto Predial e Territorial Urbano)

O **IPTU** é um imposto municipal cobrado anualmente sobre a propriedade de imóveis urbanos. O valor do IPTU é determinado pela **prefeitura municipal** e varia de acordo com o valor venal do imóvel, que é determinado pela localização, tamanho e características do imóvel.

- **Pagamento do IPTU**: O pagamento do IPTU é de responsabilidade do **proprietário** do imóvel. Esse imposto pode ser pago de forma parcelada ou à vista, conforme as condições estabelecidas pela prefeitura.
- **Isenção ou redução do IPTU**: Em alguns casos, o IPTU pode ser reduzido ou isento, como no caso de imóveis de pessoas com deficiência ou imóveis localizados em áreas com condições de risco ou de baixo valor.

6.2.2. Taxa de Coleta de Lixo e Taxas Municipais

Além do IPTU, o proprietário também pode ser responsável pelo pagamento de outras taxas municipais, como a **taxa de coleta de lixo** e as **taxas de iluminação pública**. Essas taxas são cobradas de forma fixa ou proporcional ao imóvel e devem ser verificadas junto à prefeitura local.

6.3. Impostos na Locação de Imóveis

As locações imobiliárias também geram obrigações tributárias, tanto para o locador quanto para o locatário. Alguns dos impostos que incidem sobre a locação de imóveis são:

6.3.1. IR sobre o Aluguel Recebido

O **imposto de renda sobre o aluguel** recebido deve ser pago pelo **proprietário** do imóvel. O valor do imposto varia de acordo com o **valor do aluguel** e deve ser pago de acordo com a tabela progressiva do Imposto de Renda, com alíquotas que variam de **7,5% a 27,5%**, dependendo da faixa de rendimento.

- **Declaração do Imposto de Renda**: O locador deve declarar o valor do aluguel recebido em sua **Declaração de Imposto de Renda** anual e pagar o imposto correspondente. No caso de locações de imóveis comerciais, o proprietário pode ser tributado de forma diferente, dependendo do tipo de atividade realizada no imóvel.

6.3.2. ISS (Imposto sobre Serviços)

No caso de imóveis destinados a fins comerciais ou que envolvem atividades prestadas a terceiros, como aluguéis de salas comerciais, o **ISS** pode ser cobrado sobre os valores recebidos. O **ISS** é um imposto municipal, e as alíquotas variam de acordo com a cidade e o tipo de serviço prestado.

6.4. Planejamento Tributário para o Mercado Imobiliário

Um planejamento tributário adequado pode ajudar a reduzir a carga tributária e evitar problemas fiscais. Isso inclui:

- **Aproveitar as isenções fiscais**: Em determinadas situações, como a venda de imóveis residenciais de baixo valor ou a utilização de programas habitacionais do governo, é possível reduzir ou até mesmo eliminar o pagamento de tributos, como o ITBI ou o Imposto de Renda sobre Ganho de Capital.

- **Atenção à tributação sobre o lucro**: Investidores imobiliários devem estar atentos à **tributação sobre o lucro** obtido com a venda de imóveis, especialmente quando o lucro for significativo. A escolha do regime de tributação adequado (lucro real ou lucro presumido) pode otimizar os impostos devidos.

- **Consultoria especializada**: Para evitar erros na apuração e no pagamento de tributos, é recomendável contar com o auxílio de um contador ou advogado especializado em direito tributário, que pode orientar sobre as melhores práticas e a forma correta de cumprir com as obrigações fiscais.

6.5. Conclusão do Capítulo 6

O mercado imobiliário é altamente regulado e envolve diversos impostos e tributos que podem impactar diretamente os resultados das transações. Conhecer os tributos relacionados à compra, venda e locação de imóveis é fundamental para quem deseja atuar de maneira segura e eficiente no setor. A correta gestão tributária evita surpresas e ajuda a maximizar os benefícios das transações imobiliárias, garantindo conformidade com a legislação e segurança jurídica para todas as partes envolvidas. Neste capítulo, detalhamos os principais tributos que afetam as transações imobiliárias no Brasil, desde os impostos sobre a compra e venda de imóveis até aqueles relacionados à posse e locação de propriedades. O conhecimento sobre esses tributos é essencial para quem deseja atuar de forma eficiente e legal no mercado imobiliário. No próximo capítulo, exploraremos os **aspectos jurídicos da transação imobiliária**, incluindo contratos e garantias legais.

Capítulo 7: Aspectos Jurídicos da Transação Imobiliária

As transações imobiliárias são regidas por um complexo conjunto de normas e leis, sendo fundamental que todas as partes envolvidas no processo compreendam as implicações jurídicas de cada ato. A segurança jurídica é a base de qualquer transação imobiliária bem-sucedida, e a presença de documentos adequados, contratos bem elaborados e garantias legais é essencial para evitar litígios e garantir que os direitos de todas as partes sejam respeitados. Neste capítulo, abordaremos os principais aspectos jurídicos das transações imobiliárias, com destaque para os contratos, garantias, registros e as formas de resolver disputas que possam surgir.

7.1. O Contrato de Compra e Venda de Imóvel

O **contrato de compra e venda** é o documento legal que formaliza a transação entre comprador e vendedor. Esse contrato é fundamental para a concretização da negociação e deve ser elaborado com atenção aos detalhes, respeitando as exigências legais e garantindo a segurança de ambas as partes. O contrato de compra e venda pode ser feito de forma simples, em alguns casos, mas muitas transações exigem um contrato mais detalhado, especialmente quando há condições de pagamento diferenciadas ou se o imóvel tem alguma pendência.

7.1.1. Elementos Essenciais do Contrato de Compra e Venda

Um contrato de compra e venda de imóvel deve conter, no mínimo, os seguintes elementos essenciais:

- **Identificação das partes**: Nome, qualificação (idade, estado civil, profissão, endereço, CPF ou CNPJ) de comprador e vendedor.
- **Descrição do imóvel**: Informações detalhadas sobre o imóvel, como localização, número de matrícula no Cartório de Registro de Imóveis, área, confrontações e outras características relevantes.
- **Preço e forma de pagamento**: O valor da transação, condições de pagamento (parcelamento, financiamento, etc.), e as datas de vencimento de cada parcela, se houver.
- **Garantias**: Atribuições sobre garantias do imóvel, como a ausência de dívidas ou pendências legais.
- **Obrigações das partes**: Deveres do comprador e vendedor, como entrega do imóvel, responsabilidade por tributos, entre outros.
- **Data da transferência**: Estabelecimento da data prevista para a transferência de posse do imóvel.

7.1.2. Cláusulas Adicionais

Além dos elementos essenciais, o contrato pode conter cláusulas adicionais, como:

- **Multas e penalidades**: Definição de penalidades em caso de descumprimento de qualquer cláusula do contrato.
- **Condições suspensivas**: Estipulação de condições que precisam ser cumpridas antes da conclusão da venda, como a quitação de dívidas ou aprovação de financiamento.
- **Possibilidade de distrato**: Definição das condições em que as partes podem desistir do negócio sem prejuízo, caso necessário.

7.2. O Registro de Imóveis

O registro de imóveis é o processo que confere segurança jurídica à transação, tornando a compra e venda do imóvel oficial e reconhecida perante a sociedade e o poder público. No Brasil, a **Lei de Registros Públicos** (Lei nº 6.015/1973) determina que todo imóvel deve ser registrado no Cartório de Registro de Imóveis competente, o que garante a sua validade legal.

7.2.1. A Importância do Registro

- **Transferência de Propriedade**: Apenas após o registro do imóvel no cartório é que ocorre a efetiva transferência de propriedade. A simples assinatura da escritura não é suficiente para transferir o direito de propriedade do imóvel.
- **Garantia de Segurança Jurídica**: O registro assegura a prioridade de direito sobre o imóvel, ou seja, em caso de disputas judiciais, aquele que tiver o imóvel registrado primeiro terá o direito reconhecido perante a lei.
- **Publicidade**: O registro público tem a função de dar publicidade à transação. Assim, qualquer pessoa pode acessar o cartório e verificar se o imóvel foi vendido, quais são os ônus que recaem sobre ele, ou se há alguma restrição à sua venda.

7.2.2. Certidões Importantes

Ao registrar um imóvel, diversas certidões podem ser requeridas, como:

- **Certidão de ônus reais**: Documento que comprova se há algum ônus (hipoteca, penhora, dívida) sobre o imóvel.
- **Certidão de matrícula**: Documento que contém todas as informações sobre o imóvel, desde sua origem até as transações realizadas.
- **Certidão negativa de débitos fiscais**: A certidão que comprova que o imóvel não tem débitos de tributos municipais, estaduais ou federais.

7.3. Garantias nas Transações Imobiliárias

As garantias são instrumentos utilizados para assegurar o cumprimento das obrigações assumidas nas transações imobiliárias. Elas são fundamentais para proteger as partes e assegurar que, caso algum problema surja, a parte lesada tenha meios de se resguardar.

7.3.1. Hipoteca

A **hipoteca** é uma garantia real que envolve a vinculação do imóvel ao pagamento de uma dívida. O imóvel permanece sob a posse do devedor, mas em caso de inadimplência, o credor pode tomar posse do bem para saldar a dívida.

- **Vantagens**: A hipoteca pode ser utilizada em financiamentos imobiliários, proporcionando maior segurança para os credores, especialmente no caso de grandes empréstimos.
- **Desvantagens**: O devedor corre o risco de perder o imóvel caso não pague as dívidas conforme acordado.

7.3.2. Penhor

O **penhor** também é uma garantia real, mas, no caso do penhor, o imóvel é substituído por outros bens móveis do devedor. Este tipo de garantia é menos comum em transações imobiliárias, mas pode ser utilizado dependendo da natureza do negócio.

7.3.3. Aval

O **aval** é uma garantia pessoal, onde uma terceira parte se compromete a pagar a dívida caso o devedor principal não consiga honrar seus compromissos. Essa garantia é mais comum em transações comerciais, mas pode ser aplicada em algumas negociações imobiliárias.

7.4. Ação de Despejo e Ação Possessória

Além das questões relacionadas à compra e venda, é importante também entender as ações jurídicas que podem surgir após a transação. Algumas das mais comuns são:

7.4.1. Ação de Despejo

A **ação de despejo** ocorre quando um locador solicita o retorno do imóvel por parte do locatário, geralmente devido a inadimplência no pagamento de aluguel ou descumprimento de outras cláusulas contratuais.

- **Procedimento**: O processo judicial pode ser rápido ou demorado, dependendo da situação e do tipo de contrato de locação.

- **Defesa do locatário**: O locatário tem direito de defesa e pode contestar a ação, por exemplo, alegando que houve um erro na cobrança ou que o contrato foi descumprido pelo locador.

7.4.2. Ação Possessória

A **ação possessória** é movida quando uma das partes alega ter perdido a posse do imóvel de forma ilegal ou sem o seu consentimento. Este tipo de ação visa restaurar a posse ou garantir o direito de posse.

- **Tipos de Ação Possessória**: Existem diferentes tipos de ação possessória, como a **reintegração de posse** e a **manutenção de posse**, que são escolhidas conforme o tipo de violação de posse ocorrida.

7.5. O Papel do Corretor de Imóveis nas Questões Jurídicas

Embora o corretor de imóveis não tenha formação jurídica e não possa oferecer consultoria jurídica, ele desempenha um papel crucial na orientação sobre a documentação e nas etapas do processo. O corretor deve assegurar que os documentos necessários estejam em ordem e auxiliar na compreensão do contrato, sempre recomendando a consulta a advogados para aspectos legais mais complexos.

7.6. Conclusão do Capítulo 7

O conhecimento dos aspectos jurídicos é fundamental para garantir a segurança de todas as partes envolvidas em uma transação imobiliária. O contrato de compra e venda, o registro do imóvel, as garantias legais e a resolução de litígios são elementos que, quando bem compreendidos e corretamente executados, asseguram que a transação seja realizada de forma legal e segura. No próximo capítulo, exploraremos as **principais tendências e inovações no mercado imobiliário**, trazendo um olhar para o futuro desse setor tão dinâmico.

Capítulo 8: O Processo de Avaliação Imobiliária

A avaliação imobiliária é uma etapa essencial em qualquer transação no mercado de imóveis, seja para compra, venda, locação ou financiamento. O avaliador imobiliário é responsável por determinar o valor de mercado de um imóvel de maneira imparcial e com base em critérios técnicos, para garantir que as partes envolvidas na transação estejam cientes do valor real da propriedade. Neste capítulo, exploraremos o processo de avaliação imobiliária, os métodos utilizados, as implicações legais e os desafios que os profissionais da área enfrentam.

8.1. O Papel do Avaliador Imobiliário

O **avaliador imobiliário** tem a responsabilidade de fornecer uma estimativa precisa e justa sobre o valor de mercado de um imóvel, considerando fatores como localização, características do imóvel, condições de mercado e outros elementos relevantes. A avaliação não é uma opinião pessoal, mas sim uma análise baseada em dados técnicos, comparações de mercado e metodologias estabelecidas pela legislação brasileira.

8.1.1. Requisitos para o Avaliador Imobiliário

No Brasil, para realizar avaliações imobiliárias de forma legal, o profissional deve ser **corretor de imóveis** com **registro no CRECI (Conselho Regional de Corretores de Imóveis)** e possuir especialização ou qualificação reconhecida na área de avaliação. Isso garante que o avaliador tenha conhecimentos técnicos e jurídicos necessários para realizar uma avaliação precisa e que esteja em conformidade com a legislação.

- **Certificação em Avaliação Imobiliária**: O profissional pode obter uma certificação especializada em avaliação imobiliária, como a oferecida pela **Instituição Brasileira de Avaliação e Perícia** (IBAPE), o que confere maior credibilidade ao avaliador.
- **Imparcialidade**: O avaliador deve manter a imparcialidade durante todo o processo de avaliação, garantindo que o valor atribuído ao imóvel seja justo e não favoreça nenhuma das partes envolvidas.

8.2. Métodos de Avaliação Imobiliária

Existem diferentes métodos utilizados pelos avaliadores imobiliários para determinar o valor de mercado de um imóvel. O método a ser escolhido depende do tipo de imóvel, da finalidade da avaliação e das condições de mercado no momento da análise.

8.2.1. Método Comparativo de Mercado

O **método comparativo de mercado** é um dos mais utilizados na avaliação imobiliária. Nesse método, o avaliador compara o imóvel a ser avaliado com outros imóveis semelhantes que foram recentemente vendidos ou estão à venda na mesma região ou em regiões com características semelhantes.

- **Como funciona**: O avaliador pesquisa imóveis similares (em termos de localização, tamanho, características, estado de conservação, etc.) e analisa os preços de venda ou de oferta. A partir dessas comparações, ele ajusta o valor do imóvel avaliado, levando em consideração as diferenças que possam existir entre as propriedades comparadas.
- **Vantagens**: Esse método é muito eficaz para imóveis residenciais em mercados onde há grande número de transações e onde os preços são relativamente uniformes.

8.2.2. Método de Custo

O **método de custo** é utilizado quando o imóvel é novo ou está sendo construído. Neste caso, o avaliador calcula o valor de reposição do imóvel, ou seja, o custo de construção atual do imóvel, levando em conta o preço de mercado de materiais, mão de obra e outros custos envolvidos na construção.

- **Como funciona**: O avaliador estima o custo de construção do imóvel (com base em materiais e custos atuais) e subtrai a depreciação (caso o imóvel não seja novo). Esse valor é somado ao valor do terreno para determinar o valor total do imóvel.
- **Vantagens**: Esse método é útil para imóveis que são únicos ou para os quais há poucas comparações diretas no mercado.

8.2.3. Método de Rendimento

O **método de rendimento** é mais comumente utilizado para imóveis comerciais ou para aqueles que geram receita, como imóveis alugados ou com potencial de geração de lucro. Este método considera a renda que o imóvel pode gerar ao longo do tempo e a converte em valor presente.

- **Como funciona**: O avaliador calcula o valor do imóvel com base no retorno de investimento esperado, levando em consideração o aluguel anual que o imóvel pode gerar e a taxa de capitalização (taxa que reflete o risco e o retorno esperado).
- **Vantagens**: Esse método é particularmente útil para investidores que estão comprando imóveis para gerar renda passiva ou para fins de valorização a longo prazo.

8.2.4. Método da Avaliação pela Incorporação

Esse método é utilizado quando o imóvel é destinado à incorporação imobiliária, ou seja, quando há o desenvolvimento de empreendimentos de construção de novos imóveis. O avaliador calcula o valor do imóvel com base no potencial de desenvolvimento do terreno, levando em consideração os custos de construção e a demanda do mercado.

- **Como funciona**: O valor do imóvel é calculado com base na potencial rentabilidade do projeto de construção, considerando as fases do empreendimento e a expectativa de lucro.
- **Vantagens**: Ideal para grandes projetos imobiliários e terrenos com grande potencial de valorização.

8.3. Elementos Considerados na Avaliação

Além dos métodos, o avaliador também deve considerar uma série de fatores que influenciam o valor do imóvel. Entre os principais elementos estão:

8.3.1. Localização

A **localização** é um dos fatores mais importantes na avaliação imobiliária. Imóveis situados em regiões com boa infraestrutura, acesso a serviços e transporte tendem a ter maior valor de mercado. A proximidade de escolas, hospitais, centros comerciais e áreas de lazer também pode influenciar positivamente a avaliação.

8.3.2. Estado de Conservação

O **estado de conservação** do imóvel é outro fator determinante. Imóveis bem conservados, com acabamentos modernos e manutenção em dia, tendem a ser avaliados em valores mais altos. O avaliador deve verificar a condição das instalações elétricas, hidráulicas, estrutura e acabamentos.

8.3.3. Tamanho e Características do Imóvel

O **tamanho** (área útil e total), o número de cômodos, a quantidade de vagas de garagem, e outras características, como presença de piscina, churrasqueira, varanda, etc., também são levados em consideração na avaliação do imóvel.

8.3.4. Condições de Mercado

O **mercado imobiliário local** e a **situação econômica** também afetam o valor do imóvel. O avaliador deve estar atento às tendências de preços, taxas de juros, demanda e oferta no mercado imobiliário na região em que o imóvel está localizado.

8.4. O Laudo de Avaliação

Após realizar a avaliação, o avaliador prepara um **laudo de avaliação** detalhado, que descreve todos os aspectos do processo, incluindo os métodos utilizados, os cálculos realizados e as conclusões sobre o valor do imóvel. Esse laudo é essencial em transações imobiliárias, pois oferece uma base sólida e imparcial para que as partes envolvidas possam tomar decisões informadas.

8.4.1. Validade e Utilização do Laudo

O laudo de avaliação pode ser utilizado para diversos fins, como:

- **Compra e venda** de imóveis.
- **Financiamentos bancários**, onde o valor do imóvel será utilizado como garantia.
- **Partilhas de bens**, em casos de separação ou herança.
- **Tributação**, quando se deseja determinar o valor venal para o cálculo de impostos.

8.5. Conclusão do Capítulo 8

A avaliação imobiliária é um processo técnico e especializado, fundamental para garantir que as transações imobiliárias sejam realizadas de forma justa e segura. O avaliador desempenha um papel essencial, fornecendo informações precisas sobre o valor de mercado de um imóvel com base em métodos e dados técnicos. A correta avaliação garante que o preço do imóvel seja justo e adequado às condições de mercado, protegendo as partes envolvidas e evitando futuros litígios. No próximo capítulo, abordaremos as **tendências e inovações no mercado imobiliário**, com foco no impacto da tecnologia e novas abordagens no setor.

Capítulo 9: As Tendências e Inovações no Mercado Imobiliário

O mercado imobiliário está em constante evolução. Novas tecnologias, mudanças nos hábitos de consumo e a crescente demanda por soluções sustentáveis estão moldando o futuro das transações imobiliárias. A digitalização e as inovações tecnológicas, além de uma maior conscientização ambiental, estão trazendo transformações profundas nas práticas de compra, venda, financiamento e construção de imóveis. Neste capítulo, vamos explorar as principais tendências e inovações que estão impactando o mercado imobiliário no Brasil e no mundo, e como os profissionais do setor podem se adaptar a essas mudanças para continuar competitivos.

9.1. Digitalização e o Uso de Tecnologia no Mercado Imobiliário

A **digitalização** tem sido uma das principais forças que está transformando o setor imobiliário nos últimos anos. O avanço da tecnologia trouxe novas ferramentas e plataformas digitais que facilitam a compra, venda, aluguel e até mesmo a avaliação de imóveis, tornando o processo mais rápido, eficiente e transparente.

9.1.1. Plataformas Digitais e Marketplaces Imobiliários

Os **marketplaces imobiliários** e as **plataformas digitais** estão se tornando cada vez mais populares. Ferramentas como **ZAP Imóveis**, **Viva Real**, **OLX Imóveis** e outras plataformas digitais permitem que compradores, vendedores e corretores se conectem de maneira mais prática e eficiente. Além disso, essas plataformas oferecem uma vasta gama de informações sobre imóveis, preços, localização e tendências do mercado.

- **Acesso a uma grande base de dados**: As plataformas digitais oferecem dados sobre imóveis, como características, preços e histórico de transações, que são essenciais para ajudar os compradores e vendedores a tomar decisões informadas.
- **Facilidade de negociação**: As plataformas online também permitem a negociação direta entre compradores e vendedores, eliminando intermediários e facilitando o processo de venda e compra.

9.1.2. Realidade Virtual e Aumentada

Tecnologias como **realidade virtual** (VR) e **realidade aumentada** (AR) estão ganhando espaço no mercado imobiliário. Elas permitem que os compradores "visitem" imóveis à distância, antes de decidirem pela compra ou locação.

- **Visitas virtuais**: A **realidade virtual** oferece a possibilidade de visitas completas a imóveis sem que o cliente precise sair de casa. Com o uso de óculos VR ou smartphones, é possível explorar todos os cômodos de um imóvel, visualizando suas dimensões e detalhes.
- **Personalização com realidade aumentada**: Já a **realidade aumentada** permite que os consumidores visualizem como o imóvel pode ficar depois de reformas ou mudanças, como a colocação de móveis e decorações, por exemplo. Isso aumenta a sensação de imersão e ajuda o comprador a visualizar o potencial do imóvel.

9.1.3. Big Data e Inteligência Artificial

A utilização de **Big Data** e **Inteligência Artificial** (IA) está permitindo uma revolução no modo como os dados são processados e utilizados no mercado imobiliário. Ferramentas de análise preditiva baseadas em IA ajudam a identificar tendências de preços, prever comportamentos de compra e até mesmo calcular o valor exato de um imóvel com mais precisão.

- **Análise preditiva**: Sistemas de IA podem analisar grandes volumes de dados para prever tendências no mercado, como aumento de preços ou flutuação de demanda em regiões específicas. Isso pode ajudar corretores, investidores e compradores a tomar decisões mais estratégicas.
- **Recomendações personalizadas**: A IA pode também oferecer recomendações personalizadas para os compradores, indicando imóveis que se ajustem aos seus critérios de forma mais eficiente.

9.2. Sustentabilidade e Imóveis Ecológicos

A crescente preocupação com as questões ambientais também está moldando o futuro do mercado imobiliário. **Imóveis sustentáveis** e **construções ecológicas** estão se tornando cada vez mais procurados, seja por consumidores conscientes ou por empresas que desejam reduzir seu impacto ambiental. No Brasil, essa tendência tem ganhado força à medida que as novas gerações se tornam mais conscientes dos desafios ambientais.

9.2.1. Certificação Verde e Construções Sustentáveis

Certificações ambientais, como o selo **LEED** (Leadership in Energy and Environmental Design) e o **Selo Casa Azul**, estão se tornando um diferencial importante para imóveis novos. Essas certificações garantem que a construção ou o imóvel atendam a normas rigorosas de eficiência energética, uso racional de água e materiais sustentáveis.

- **Eficiência energética**: Imóveis com tecnologias que ajudam a reduzir o consumo de energia, como sistemas de energia solar, iluminação LED e isolamento térmico eficiente, são muito valorizados.
- **Água e resíduos**: Sistemas de reaproveitamento de água da chuva e a gestão eficiente de resíduos também são características de imóveis sustentáveis.
- **Materiais ecológicos**: O uso de materiais recicláveis e ecológicos durante a construção também é um critério importante para as construções sustentáveis.

9.2.2. Construções Modularizadas e Pré-Fabricadas

A **construção modular** e as **casas pré-fabricadas** estão se destacando como alternativas sustentáveis e econômicas para o mercado imobiliário. Essas construções utilizam módulos pré-fabricados em fábricas, que são montados no local da obra, reduzindo o tempo de construção, os resíduos e os custos.

- **Vantagens ambientais**: Além de serem mais rápidas e econômicas, as construções modulares também têm menor impacto ambiental, devido à otimização dos recursos e menor desperdício de materiais.
- **Personalização**: Apesar de serem pré-fabricadas, essas construções podem ser altamente personalizáveis, permitindo que os compradores escolham acabamentos e disposições internas de acordo com suas necessidades.

9.3. Financiamento Imobiliário e Novas Modalidades

O mercado imobiliário também está sendo impactado pelas mudanças nas modalidades de **financiamento imobiliário**. A introdução de novas formas de crédito e o uso de **blockchain** no setor financeiro podem facilitar o acesso à compra de imóveis e reduzir custos para os compradores.

9.3.1. Crédito Digital e Financiamento Imobiliário Online

A digitalização do crédito imobiliário tem sido uma grande revolução nos últimos anos. Plataformas financeiras digitais estão permitindo que o processo de solicitação de crédito seja feito de forma mais rápida, simples e sem burocracia, diretamente pela internet. Além disso, algumas fintechs estão oferecendo opções de financiamento com taxas mais competitivas.

- **Plataformas de financiamento**: O uso de **fintechs** no setor imobiliário permite que os consumidores solicitem financiamento diretamente online, com análise de crédito feita de maneira rápida e com menos papelada.
- **Taxas de juros mais competitivas**: A competição entre instituições financeiras tem levado à redução das taxas de juros, facilitando o acesso ao crédito e tornando a compra de imóveis mais acessível para uma maior parte da população.

9.3.2. Blockchain e Contratos Inteligentes

O **blockchain** e os **contratos inteligentes** estão começando a ser utilizados no mercado imobiliário para aumentar a transparência, reduzir fraudes e acelerar o processo de transação. Com o uso de tecnologia de registro descentralizado, é possível garantir a autenticidade de documentos, como a escritura de um imóvel, e realizar transações de forma segura e rápida.

- **Segurança e transparência**: O blockchain pode ser usado para registrar transações imobiliárias, garantindo que todos os dados sejam imutáveis e acessíveis a todas as partes envolvidas.
- **Contratos inteligentes**: Esses contratos são autoexecutáveis, ou seja, as condições acordadas são cumpridas automaticamente, sem a necessidade de intermediários.

9.4. A Mudança no Perfil dos Consumidores Imobiliários

As mudanças no comportamento dos consumidores também são uma tendência importante no mercado imobiliário. As novas gerações têm priorizado aspectos como a sustentabilidade, a acessibilidade e o uso de novas tecnologias, e isso tem influenciado diretamente a forma como o mercado se comporta.

9.4.1. Imóveis de Valor Agregado

Cada vez mais, os consumidores buscam imóveis que oferecem um **valor agregado** em termos de qualidade de vida, como a proximidade de áreas verdes, infraestrutura de lazer e mobilidade. Além disso, a demanda por **imóveis multifuncionais** (que podem servir para diferentes usos, como residenciais e comerciais) tem crescido.

9.4.2. Investimento em Imóveis como Renda Passiva

O perfil dos investidores imobiliários também tem se modificado. Muitos investidores estão buscando **imóveis que gerem renda passiva**, como imóveis para aluguel, especialmente em regiões turísticas ou áreas de grande procura.

9.5. Conclusão do Capítulo 9

O mercado imobiliário está em constante transformação, impulsionado pela tecnologia, novas demandas dos consumidores e questões ambientais. Para os profissionais do setor, isso representa tanto desafios quanto oportunidades. Manter-se atualizado com as tendências e inovações é essencial para garantir que o negócio seja bem-sucedido e que as transações imobiliárias sejam realizadas de maneira eficiente, segura e dentro das expectativas dos consumidores. No próximo capítulo, discutiremos **estratégias de marketing imobiliário**, abordando as melhores práticas para atrair compradores e promover imóveis de maneira eficaz.

Capítulo 10: Estratégias de Marketing Imobiliário

O marketing imobiliário é essencial para o sucesso de qualquer transação no mercado de imóveis. Com a competitividade crescente e a necessidade de atingir um público diversificado, as estratégias de marketing se tornaram ferramentas indispensáveis para corretores e empresas do setor. Neste capítulo, exploraremos as estratégias mais eficazes para promover imóveis, construir a marca de um corretor ou imobiliária, e atrair potenciais compradores e investidores.

10.1. O Conceito de Marketing Imobiliário

O marketing imobiliário não se resume apenas à promoção de imóveis. Ele envolve uma série de ações estratégicas que buscam promover tanto o imóvel quanto a marca do profissional ou da empresa responsável pela venda ou locação. A intenção é criar uma relação de confiança com o público-alvo, gerar interesse e, principalmente, facilitar a decisão de compra ou aluguel.

10.1.1. Marketing de Relacionamento

Uma das abordagens mais eficazes no marketing imobiliário é o **marketing de relacionamento**, que busca estabelecer uma conexão de longo prazo com os clientes. Em vez de simplesmente fazer a venda de um imóvel, essa estratégia visa entender as necessidades do cliente e construir uma rede de confiança para futuras transações.

- **Atendimento personalizado**: Ao ouvir as necessidades do cliente e apresentar soluções personalizadas, o corretor consegue não apenas fechar um negócio, mas também fidelizar o cliente para transações futuras.
- **Gestão de pós-venda**: A experiência do cliente não termina com a assinatura do contrato. O acompanhamento após a venda é essencial para garantir a satisfação e gerar boas recomendações.

10.1.2. Branding e Construção de Marca

A construção de uma marca forte e confiável é crucial para qualquer corretor de imóveis ou imobiliária. **Branding** é o processo de criar uma identidade única e memorável que ressoe com o público-alvo. Uma marca sólida transmite profissionalismo e confiança, atributos essenciais no setor imobiliário.

- **Consistência visual e comunicacional**: Manter uma identidade visual consistente em todos os canais de comunicação (site, redes sociais, materiais impressos) é essencial para que os clientes reconheçam imediatamente a marca.
- **Presença digital**: Nos dias de hoje, a presença online é fundamental. Isso inclui ter um site bem estruturado, uma boa presença nas redes sociais e estratégias de marketing de conteúdo, que gerem valor e informação útil ao público.

10.2. Ferramentas e Canais de Marketing Imobiliário

Existem diversas ferramentas e canais de marketing que podem ser usados para promover imóveis e fortalecer a marca do corretor ou imobiliária. Vamos explorar as principais ferramentas que têm se mostrado eficazes.

10.2.1. Marketing Digital e Redes Sociais

Com o aumento da conectividade, as redes sociais se tornaram um canal poderoso para alcançar potenciais compradores. Plataformas como **Facebook**, **Instagram**, **LinkedIn**, e **YouTube** são amplamente utilizadas para a promoção de imóveis e a construção de uma comunidade online engajada.

- **Anúncios pagos**: A publicidade paga em redes sociais, como os anúncios no **Facebook** e **Instagram**, permite segmentar o público com base em localização, faixa etária, interesses e comportamento. Isso ajuda a alcançar compradores potenciais de forma mais precisa.
- **Conteúdo relevante**: Publicar conteúdo interessante, como dicas sobre o mercado imobiliário, tendências de decoração e informações sobre os imóveis à venda, cria um engajamento genuíno com os seguidores e pode gerar leads qualificados.

- **Vídeos de tours virtuais**: O uso de vídeos para mostrar os imóveis em detalhes, com **tours virtuais** e **visitas 360º**, tem se tornado uma excelente forma de atrair a atenção dos compradores.

10.2.2. Marketing de Influência

O **marketing de influência** também se tornou uma estratégia poderosa para promover imóveis. Isso envolve parcerias com influenciadores digitais que têm um grande número de seguidores nas redes sociais. Esses influenciadores podem ajudar a divulgar imóveis de forma criativa e atingir um público mais amplo.

- **Influenciadores locais**: No mercado imobiliário, muitos influenciadores locais, como figuras públicas ou blogueiros especializados, podem ser aliados importantes. Eles têm a confiança de seus seguidores e podem ajudar a gerar mais visibilidade para os imóveis.
- **Parcerias estratégicas**: Além dos influenciadores digitais, você pode criar parcerias com outros profissionais que lidam com o setor imobiliário, como decoradores, arquitetos e construtores, para criar conteúdo colaborativo e expandir a rede de contatos.

10.2.3. SEO e Marketing de Busca

A otimização para **motores de busca** (SEO) é uma das estratégias mais eficientes para aumentar a visibilidade de um site imobiliário. Ao otimizar seu site com palavras-chave relevantes e conteúdo de qualidade, você aumenta as chances de aparecer nas primeiras páginas de busca do Google e outros motores de busca.

- **Palavras-chave estratégicas**: Identificar e utilizar as palavras-chave certas, relacionadas ao mercado imobiliário, como "compra de imóveis em [cidade]" ou "imóveis para aluguel em [bairro]", ajuda seu site a ser encontrado com mais facilidade.
- **Blog e conteúdo útil**: Manter um blog ativo no site com artigos sobre o mercado imobiliário, dicas de compra e venda, e as tendências do setor pode aumentar significativamente o tráfego orgânico, o que reflete diretamente nas vendas.

10.2.4. E-mail Marketing e Automação

O **e-mail marketing** é uma das estratégias mais antigas, mas ainda muito eficazes no marketing imobiliário. Usando ferramentas de **automação de marketing**, é possível criar campanhas personalizadas para diferentes tipos de clientes, como investidores, compradores de primeira viagem, ou interessados em imóveis de luxo.

- **Campanhas segmentadas**: Com e-mails bem direcionados, é possível oferecer aos clientes os imóveis que mais se adequam ao seu perfil e interesse, aumentando as chances de conversão.
- **Nutrição de leads**: Enviar e-mails com informações úteis e educativas sobre o mercado imobiliário pode ajudar a nutrir leads ao longo do tempo, até que eles estejam prontos para tomar a decisão de compra.

10.3. Fotografia e Apresentação Visual de Imóveis

A primeira impressão de um imóvel é muitas vezes a que fica, por isso, a **fotografia imobiliária** tem um papel fundamental no marketing de imóveis. Uma boa fotografia pode atrair mais atenção e gerar mais interesse em um imóvel.

10.3.1. Fotografia Profissional

Imagens de alta qualidade fazem toda a diferença. Investir em **fotógrafos profissionais** especializados em imóveis é essencial para garantir que o imóvel seja mostrado de maneira atraente. Os compradores formam suas primeiras impressões com base nas fotos, então é importante que elas transmitam a beleza e o potencial do imóvel.

- **Iluminação natural**: Usar a **iluminação natural** para destacar os pontos fortes do imóvel é uma técnica muito eficaz. Evite fotos escuras e em ângulos desfavoráveis.
- **Cores e detalhes**: Certifique-se de que as fotos mostrem os detalhes do imóvel de forma nítida e clara, com foco nos pontos fortes, como acabamentos e vista.

10.3.2. Vídeos e Tours Virtuais

Além das fotos, a criação de vídeos curtos ou tours virtuais detalhados oferece uma visão mais completa do imóvel. Isso pode ser feito de maneira simples, com uma boa câmera ou até mesmo com drones para capturar imagens aéreas do imóvel e da vizinhança.

- **Tours 360º**: Ferramentas de visualização 360º permitem que o comprador explore o imóvel sem sair de casa, oferecendo uma experiência imersiva.
- **Vídeos de depoimentos**: Incluir depoimentos de outros clientes satisfeitos pode gerar confiança e aumentar a credibilidade do corretor ou da imobiliária.

10.4. Conclusão do Capítulo 10

As estratégias de marketing imobiliário desempenham um papel fundamental na geração de leads, fechamento de vendas e construção de uma marca sólida no setor. A digitalização e o uso de ferramentas online oferecem inúmeras oportunidades para aumentar a visibilidade dos imóveis e atrair compradores qualificados. Profissionais do setor imobiliário devem estar atentos às novas tendências, explorar as melhores ferramentas de marketing e sempre buscar se destacar pela qualidade e transparência na apresentação dos imóveis. No próximo capítulo, vamos abordar as **técnicas de negociação imobiliária**, fundamentais para o fechamento bem-sucedido de negócios.

Capítulo 11: A Negociação Imobiliária - Técnicas e Estratégias

A negociação imobiliária é um dos aspectos mais desafiadores e importantes do mercado. Saber negociar é fundamental não apenas para fechar bons negócios, mas também para estabelecer relacionamentos duradouros com clientes e parceiros. Este capítulo será dedicado a apresentar as técnicas e estratégias mais eficazes para negociar com sucesso no setor imobiliário, garantindo que ambas as partes envolvidas na transação se sintam satisfeitas com o acordo.

11.1. O Papel da Negociação no Mercado Imobiliário

A negociação é uma habilidade central em todas as etapas de uma transação imobiliária. Desde a primeira conversa com o cliente até o fechamento do negócio, o corretor de imóveis atua como um mediador, buscando encontrar a melhor solução para ambas as partes. É fundamental que o profissional saiba ouvir as necessidades do comprador e do vendedor e saiba apresentar soluções que atendam a essas expectativas.

11.1.1. Entendendo as Necessidades de Ambas as Partes

Para que a negociação seja bem-sucedida, é necessário entender o que tanto o comprador quanto o vendedor desejam alcançar. Isso implica em saber quais são os interesses de cada um, os pontos de pressão e as áreas em que é possível ceder para alcançar um acordo vantajoso para ambas as partes.

- **Entrevista inicial**: Antes de iniciar qualquer negociação, converse com ambas as partes para entender suas expectativas. Com o comprador, verifique o que ele procura em um imóvel. Com o vendedor, analise as condições do imóvel e as expectativas de preço.
- **Análise de pontos de flexibilidade**: Para conseguir um acordo vantajoso, é importante identificar pontos em que o comprador e o vendedor podem ceder sem prejudicar seus objetivos principais.

11.1.2. Criando um Clima de Confiança

Em qualquer negociação, a confiança é um dos pilares essenciais. Para que um acordo seja fechado com sucesso, as partes precisam sentir que o corretor é honesto, transparente e que está comprometido em ajudá-las a encontrar a melhor solução. Isso é especialmente verdadeiro no setor imobiliário, onde as transações envolvem grandes valores.

- **Transparência total**: Sempre seja claro sobre todas as informações que envolvem a transação. Isso inclui o histórico do imóvel, o valor de mercado, possíveis problemas estruturais ou jurídicos e o tempo de negociação.
- **Empatia**: Mostrar empatia, ou seja, compreender as emoções e preocupações das partes, ajuda a criar uma relação de confiança. Entender o momento de vida de cada um pode ser decisivo na hora de fazer propostas mais flexíveis ou criativas.

11.2. Técnicas de Negociação no Mercado Imobiliário

Existem várias técnicas que podem ser aplicadas durante uma negociação imobiliária, e escolher a abordagem certa é essencial para garantir o sucesso. A seguir, apresentamos algumas das principais técnicas que podem ser usadas no dia a dia do corretor.

11.2.1. Técnica da Proposta Inicial Alta

Uma das técnicas mais comuns no mercado imobiliário é a **proposta inicial alta**. Essa abordagem envolve apresentar o preço do imóvel acima do valor que você realmente espera obter, para criar margem para negociações e concessões.

- **Por que usar essa técnica?**: Ao começar com uma proposta mais alta, o vendedor ou comprador tem mais espaço para negociar sem sentir que está fazendo um grande sacrifício. Isso também cria a percepção de que houve uma negociação real e que ambas as partes estão comprometidas com o processo.
- **Como equilibrar?**: Essa técnica deve ser usada com cautela. Se o valor inicial for exagerado demais, a outra parte pode se sentir desvalorizada ou perder o interesse. O

segredo é encontrar um valor que seja razoável, mas que ainda permita uma margem para ajustes.

11.2.2. O "Sim" Gradual

Uma técnica muito eficaz para fechar uma negociação é conseguir que a outra parte aceite pequenos pontos de forma gradual. Essa técnica é conhecida como o **"sim" gradual**. O objetivo é obter uma sequência de respostas positivas que ajudem a criar um clima favorável para o fechamento do negócio.

- **Exemplo prático**: Durante uma negociação, comece pedindo pequenas concessões, como prazos de pagamento, condições de financiamento ou até mesmo o valor de uma parte do preço. Isso vai criando um clima de colaboração, levando a outra parte a aceitar os pontos mais importantes posteriormente.
- **Vantagens**: Essa técnica evita que a outra parte se sinta pressionada a aceitar um grande acordo de imediato, tornando o processo mais natural e colaborativo.

11.2.3. Criando Urgência

Criar um senso de urgência é uma técnica frequentemente usada para acelerar a decisão de compra. No entanto, é necessário ter cuidado para não exagerar e perder a confiança da outra parte. Quando usada de forma ética, a urgência pode ser uma ferramenta poderosa para mover a negociação para o fechamento.

- **Exemplo de urgência**: Informar ao comprador que há outros interessados no imóvel ou que o preço está sujeito a alteração pode incentivá-lo a tomar a decisão mais rapidamente.
- **Cuidado**: A urgência deve ser usada com transparência. Não crie uma falsa escassez de imóveis ou uma urgência que não existe. Isso pode prejudicar sua reputação e danificar a relação com o cliente.

11.2.4. Concessões Inteligentes

Saber fazer concessões inteligentes é uma das chaves para o sucesso na negociação imobiliária. Concessões são ajustes feitos durante o processo de negociação, geralmente no valor, nas condições de pagamento ou em outros aspectos do negócio. No entanto, é importante saber quando e quanto ceder.

- **Como fazer uma concessão inteligente?**: Cada vez que você fizer uma concessão, certifique-se de obter algo em troca. Se o comprador pedir um desconto, você pode oferecer condições de pagamento mais favoráveis, por exemplo. Isso mantém o equilíbrio entre as partes.
- **Quando evitar concessões?**: Evite fazer concessões em áreas que comprometem o valor do imóvel ou a sua comissão de forma significativa. Negociar por algo que não seja significativo pode resultar em um acordo ruim.

11.2.5. Fechamento Colaborativo

O **fechamento colaborativo** é uma técnica em que ambas as partes trabalham juntas para encontrar uma solução que seja vantajosa para todos. Ao contrário de um fechamento mais agressivo, onde há uma pressão direta para aceitar uma oferta, o fechamento colaborativo envolve negociação aberta e soluções criativas.

- **Exemplo prático**: Se o comprador não tem dinheiro suficiente para pagar o valor total do imóvel, você pode sugerir uma entrada mais baixa e parcelas maiores, facilitando a negociação sem prejudicar a rentabilidade do negócio.
- **Vantagens**: Essa abordagem cria um relacionamento de longo prazo e fortalece a confiança, podendo gerar futuras oportunidades de negócio.

11.3. Aspectos Legais na Negociação Imobiliária

Embora a negociação imobiliária envolva muitos aspectos subjetivos e emocionais, também há elementos legais que devem ser cuidadosamente observados. Qualquer negociação que envolva imóveis precisa estar dentro dos limites legais estabelecidos pela legislação brasileira, para garantir a validade do contrato e a proteção dos direitos de todas as partes envolvidas.

- **Documentação necessária**: É essencial que o corretor de imóveis esteja ciente de toda a documentação necessária para concluir a negociação, como escritura, registros de imóveis, certidões negativas e outros documentos que atestem a legalidade da transação.
- **Contratos claros**: O contrato de compra e venda deve ser redigido de forma clara e objetiva, incluindo todas as condições acordadas, como preço, prazos e responsabilidades das partes.

11.4. Conclusão do Capítulo 11

A negociação imobiliária é uma habilidade complexa que exige conhecimento, paciência e flexibilidade. Aplicando as técnicas e estratégias certas, o corretor pode fechar bons negócios que beneficiem todas as partes envolvidas. Ao mesmo tempo, é fundamental que a negociação seja sempre conduzida com ética e transparência, respeitando os direitos legais e interesses de todos. No próximo capítulo, vamos discutir a importância da **avaliação imobiliária** e como ela pode influenciar diretamente nas negociações.

Capítulo 12: A Avaliação Imobiliária - Fundamentos e Métodos

A avaliação imobiliária é um dos pilares essenciais do mercado de imóveis. Ela serve como base para a definição de preços, para a negociação de imóveis e para garantir que todas as partes envolvidas em uma transação imobiliária compreendam o valor real de um imóvel. No Brasil, a avaliação imobiliária é regida por critérios técnicos e legais que asseguram a precisão e a imparcialidade do processo. Neste capítulo, vamos explorar os fundamentos dessa prática, os principais métodos de avaliação e a importância da avaliação para o mercado imobiliário.

12.1. O Que é Avaliação Imobiliária?

A avaliação imobiliária é o processo técnico de determinar o valor de um imóvel. Esse valor pode ser utilizado para diversos fins, como a compra e venda, o financiamento bancário, a análise de viabilidade de investimentos ou a determinação do valor de mercado para fins tributários. O avaliador imobiliário é o profissional responsável por realizar essa análise, levando em consideração diversos fatores técnicos e legais.

12.1.1. Importância da Avaliação Imobiliária

A avaliação imobiliária tem grande importância, pois oferece a segurança de que o preço do imóvel é justo e compatível com as condições do mercado. Uma avaliação precisa é fundamental para:

- **Estabelecer um preço justo**: Para vendedores, compradores e investidores, a avaliação imobiliária garante que o imóvel será negociado por um valor que reflete seu valor real de mercado.
- **Segurança jurídica**: Avaliações bem-feitas asseguram que não haja disputas em relação ao valor do imóvel durante o processo de negociação e fechamento da transação.
- **Empréstimos e financiamentos**: Bancos e instituições financeiras exigem uma avaliação imobiliária para liberar financiamentos, garantindo que o valor do imóvel cubra o montante emprestado.

12.2. Métodos de Avaliação Imobiliária

Existem diferentes métodos utilizados pelos avaliadores para determinar o valor de um imóvel. Cada método é aplicável a um tipo de situação e considera diferentes variáveis. Abaixo, vamos apresentar os principais métodos utilizados para a avaliação imobiliária no Brasil.

12.2.1. Método Comparativo de Mercado

O **método comparativo de mercado** é o mais utilizado na avaliação imobiliária. Ele consiste na análise de imóveis semelhantes, que tenham sido vendidos recentemente, para determinar o valor de mercado de um imóvel em questão. Esse método é especialmente eficaz em mercados ativos e quando há dados suficientes de transações similares.

- **Como funciona?**: O avaliador analisa propriedades com características semelhantes, como localização, tamanho, tipo de imóvel, idade e estado de conservação. Após identificar imóveis comparáveis, são feitas correções de valores para ajustar às diferenças entre eles e ao imóvel em avaliação.
- **Vantagens**: O método comparativo reflete o valor real de mercado e é simples de aplicar, desde que haja dados suficientes para comparar.

12.2.2. Método da Renda

O **método da renda** é utilizado para avaliar imóveis com fins comerciais, como imóveis de aluguel, terrenos para investimento ou imóveis que geram renda. Ele baseia-se na expectativa de retorno do imóvel, considerando a renda que ele pode gerar ao longo do tempo.

- **Como funciona?**: O avaliador calcula a renda líquida anual que o imóvel pode gerar (receitas com aluguel, por exemplo) e aplica um fator de capitalização, levando em consideração o risco do investimento e o retorno esperado.
- **Vantagens**: O método da renda é particularmente útil em situações que envolvem imóveis comerciais ou para investidores que buscam avaliar o retorno financeiro de um imóvel.

12.2.3. Método de Custo ou Valor de Substituição

O **método de custo** ou **valor de substituição** é utilizado para avaliar imóveis novos ou em construção, levando em consideração o custo de construção e a depreciação do imóvel. Esse método é usado para calcular o valor de imóveis que não podem ser comparados com outros devido à sua singularidade ou falta de dados de mercado.

- **Como funciona?**: O avaliador calcula o custo de construção do imóvel, incluindo materiais e mão de obra, e subtrai a depreciação acumulada com o tempo e o uso do imóvel. Esse método é comumente utilizado para imóveis especializados, como fábricas, hospitais ou grandes empreendimentos.
- **Vantagens**: Este método é útil quando não há muitas opções comparáveis no mercado, ou quando a propriedade é única e não pode ser comparada diretamente a outras.

12.2.4. Método do Valor de Mercado

O **método do valor de mercado** é uma abordagem mais geral, que leva em consideração o preço que um comprador está disposto a pagar por um imóvel em um determinado momento e contexto de mercado. Esse método considera a oferta e a demanda, as tendências do mercado imobiliário e o comportamento do consumidor.

- **Como funciona?**: O avaliador leva em conta a variação dos preços dos imóveis no mercado local, os fatores econômicos e sociais que influenciam a decisão de compra, como a taxa de juros, e outros aspectos como o tempo de venda do imóvel.
- **Vantagens**: O método do valor de mercado é flexível e leva em consideração a dinâmica do mercado imobiliário no momento da avaliação.

12.3. Fatores que Influenciam a Avaliação Imobiliária

A avaliação imobiliária não depende apenas de dados objetivos e comparativos. Existem diversos fatores subjetivos que também influenciam o valor do imóvel. O avaliador deve considerar as características do imóvel, a localização, o estado de conservação, além de fatores econômicos e até mesmo sociais que podem afetar a percepção de valor.

12.3.1. Localização

A localização é um dos fatores mais importantes na avaliação de qualquer imóvel. Imóveis localizados em áreas mais valorizadas, com acesso a serviços, transporte público, escolas e outras comodidades, tendem a ter um valor de mercado mais alto.

- **A valorização de regiões**: Áreas em desenvolvimento, ou aquelas que estão passando por processos de revitalização ou melhorias em infraestrutura, podem apresentar valorização de longo prazo.

12.3.2. Tamanho e Layout

O tamanho do imóvel e seu layout também impactam diretamente na avaliação. Imóveis maiores ou que possuem um bom aproveitamento do espaço são frequentemente avaliados com valores mais altos.

- **Características adicionais**: Outros fatores, como número de quartos, banheiros, vagas de garagem, e a presença de áreas externas (como jardins ou varandas), também influenciam na avaliação.

12.3.3. Estado de Conservação e Idade do Imóvel

Imóveis bem conservados, com infraestrutura moderna e sem necessidade de reformas significativas, geralmente possuem um valor de mercado mais alto. A idade do imóvel também pode afetar a avaliação, já que imóveis mais novos tendem a ter uma vida útil maior.

- **Reformas e melhorias**: Imóveis que passaram por reformas ou melhorias recentes podem ser avaliados com um valor mais alto devido à renovação de suas estruturas e acabamentos.

12.3.4. Aspectos Legais

A situação jurídica do imóvel é fundamental na avaliação imobiliária. Imóveis com pendências legais, como dívidas de IPTU ou problemas com a documentação (falta de escritura, registro irregular, entre outros), podem ter seu valor reduzido devido aos riscos envolvidos na negociação.

- **Certidões e registros**: Certidões negativas de débitos e um registro regularizado são fundamentais para garantir que o imóvel seja avaliado com segurança e esteja livre de pendências legais.

12.4. A Importância da Avaliação Imobiliária para Corretores

Para o corretor de imóveis, ter conhecimento sobre avaliação imobiliária é essencial. Além de garantir que seus clientes recebam um preço justo, o corretor também pode se beneficiar da avaliação ao orientar compradores e vendedores sobre o valor real dos imóveis, proporcionando negociações mais transparentes e eficientes.

- **Assessoria completa**: Um corretor bem informado sobre avaliação imobiliária pode agregar valor ao serviço prestado, oferecendo uma assessoria completa e garantindo que todas as partes envolvidas na transação estejam cientes do valor real do imóvel.

12.5. Conclusão do Capítulo 12

A avaliação imobiliária é um processo técnico essencial para garantir a segurança e a transparência nas transações imobiliárias. Seja utilizando o método comparativo de mercado, o da renda, ou o de custo, cada avaliação deve ser feita com base em uma análise criteriosa e com o conhecimento dos fatores que influenciam o valor do imóvel. Ao entender e aplicar esses métodos, o avaliador e o corretor de imóveis podem fornecer um serviço mais qualificado e garantir que as negociações sejam justas e vantajosas para todos os envolvidos.

Capítulo 13: Casos Práticos e Exemplos de Negociações

O mercado imobiliário, como vimos ao longo deste livro, envolve uma combinação de estratégias, conhecimento técnico e habilidades interpessoais. Uma negociação bem-sucedida depende da capacidade do corretor de identificar as necessidades das partes envolvidas, realizar as avaliações corretas, e ainda conduzir o processo de maneira eficaz. Neste capítulo, apresentamos casos práticos que ilustram como as negociações acontecem no dia a dia do mercado imobiliário, com exemplos que variam desde imóveis comerciais até residenciais, abordando os desafios e as soluções encontradas ao longo do processo.

13.1. Caso 1: Compra de Imóvel Comercial para Empreendimento

Contexto:
Antônio é empresário e está em busca de um imóvel comercial para abrir uma nova loja de roupas em um bairro central. Ele encontra um imóvel com grande potencial, mas o preço inicial pedido pelo proprietário, R$ 800.000,00, está acima do seu orçamento.

Desafio:
O imóvel está bem localizado e possui todas as características que Antônio procura, mas o preço elevado torna a negociação difícil. O vendedor, Marcos, está relutante em abaixar o preço, pois acredita que a localização e o tamanho do imóvel justificam o valor.

Estratégia de Negociação:

- **Pesquisa de mercado e justificativa:** O corretor, Rodrigo, realiza uma pesquisa de mercado detalhada para provar que o preço pedido pelo imóvel está muito acima da média da região e dos imóveis semelhantes. Ele usa essa informação para convencer Marcos a fazer um ajuste no preço.

- **Proposta inicial com justificativas claras:** Rodrigo apresenta uma proposta com um valor mais baixo, justificando que Antônio tem um orçamento limitado, mas está disposto a fechar negócio de forma rápida.

- **Técnica de urgência:** Para pressionar Marcos a tomar uma decisão, Rodrigo sugere que ele também tem outros imóveis para mostrar a Antônio, criando uma sensação de urgência.

Resultado:
Após algumas rodadas de negociação, Marcos concorda em reduzir o preço do imóvel para R$ 750.000,00, o que torna a compra viável para Antônio. Ambos ficam satisfeitos, e a negociação é concluída com sucesso.

13.2. Caso 2: Venda de Imóvel Residencial para Família com Orçamento Restrito

Contexto:
Uma jovem família, formada por Ana e José, está buscando uma casa para viver no interior, mas o orçamento deles é apertado. Eles encontram uma casa que atende às suas necessidades, mas o valor pedido, R$ 220.000,00, está além do que conseguem pagar, considerando o financiamento e outros custos envolvidos.

Desafio:
A casa tem um bom valor de mercado, mas está ligeiramente fora do alcance da família. O vendedor, Silvia, está tentando vender a casa rapidamente, mas não está disposta a aceitar uma grande redução no preço.

Estratégia de Negociação:

- **Análise detalhada das condições do mercado:** O corretor, Felipe, faz uma pesquisa de mercado comparativa e apresenta para Silvia um estudo detalhado que mostra que imóveis semelhantes na região estão sendo vendidos por valores inferiores, especialmente em tempos de crise econômica.

- **Concessões e flexibilização:** Felipe sugere que Silvia ofereça um desconto de 10% no preço inicial, o que ajuda a fechar o valor da venda dentro do orçamento da família.

- **Proposta de financiamento facilitado:** Além do desconto, Felipe sugere um parcelamento da entrada, dando mais flexibilidade para a família.

Resultado:
Silvia aceita a proposta com um pequeno desconto e também permite que Ana e José paguem uma entrada parcelada, o que torna a compra mais viável. A negociação é bem-sucedida, e a família consegue comprar a casa dos seus sonhos dentro do orçamento.

13.3. Caso 3: Venda de Imóvel de Alto Padrão com Dificuldades de Liquidez

Contexto:
Roberta está tentando vender sua casa de alto padrão, avaliada em R$ 3.500.000,00, em uma área nobre da cidade. A casa possui características exclusivas, como piscina, área de lazer e acabamento de luxo, mas o mercado de alto padrão não está aquecido no momento. Ela precisa vender a casa rapidamente para cobrir uma dívida de negócios.

Desafio:
O imóvel está no mercado há mais de seis meses, e a falta de compradores está começando a preocupar Roberta. Ela está com pressa para realizar a venda, mas ainda acredita que o preço pedido é justo, considerando o valor agregado à propriedade.

Estratégia de Negociação:

- **Revisão de preço e análise de mercado:** O corretor, João, sugere uma redução no preço do imóvel para R$ 3.200.000,00, baseado nas atuais condições do mercado. Ele explica que, embora o imóvel tenha características de alto padrão, o mercado está mais focado em imóveis de menor valor no momento.
- **Foco na exclusividade e no diferencial:** João destaca a exclusividade e os diferenciais da casa, como a localização privilegiada e os acabamentos de luxo, tentando gerar interesse mesmo com o preço ajustado.
- **Oferta de negociações flexíveis:** João oferece uma condição especial de pagamento, permitindo que Roberta aceite um valor menor de entrada e o saldo restante em parcelas após a venda.

Resultado:
Roberta aceita a redução do preço e, com as negociações flexíveis, consegue vender o imóvel por R$ 3.000.000,00 para um comprador interessado que busca exclusividade e estava disposto a pagar por um imóvel único, apesar da redução no preço.

13.4. Caso 4: Imóvel com Problemas Jurídicos e a Solução Criativa

Contexto:
Um imóvel foi colocado à venda por R$ 500.000,00, mas apresenta problemas legais com a documentação, incluindo a falta de escritura regularizada. A situação está gerando dificuldades para encontrar compradores interessados.

Desafio:
O vendedor, Marcos, precisa vender o imóvel rapidamente, mas a falta de uma escritura regular impede que o processo de compra e venda seja concluído sem riscos jurídicos. O corretor, Pedro, deve encontrar uma solução para viabilizar o negócio.

Estratégia de Negociação:

- **Proposta de regularização antes da venda:** Pedro sugere que Marcos regularize a escritura do imóvel antes de concluir a venda, mas com um acordo entre as partes de que o comprador pagará uma parte do valor de entrada, mas o saldo restante só será pago após a regularização total da documentação.
- **Uso de um contrato de promessa de compra e venda:** Para garantir segurança jurídica, Pedro sugere o uso de um **instrumento de promessa de compra e venda** com cláusulas específicas que garantam que o comprador terá seu direito assegurado enquanto a documentação é regularizada.
- **Desconto pela incerteza jurídica:** Pedro negocia um desconto no preço do imóvel devido aos riscos jurídicos envolvidos na transação.

Resultado:
Marcos concorda com a proposta e consegue regularizar a documentação em um prazo de 3 meses. O imóvel é vendido por R$ 450.000,00, um valor ajustado considerando o risco jurídico. O comprador recebe a garantia de que o imóvel será regularizado antes da transação final, e a negociação é concluída com sucesso.

13.5. Conclusão do Capítulo 13

Os casos apresentados neste capítulo demonstram que o sucesso em negociações imobiliárias depende de uma combinação de análise de mercado, estratégias de flexibilidade e a habilidade de encontrar soluções criativas. Ao longo deste capítulo, foi possível observar que, independentemente da complexidade de cada transação, o papel do corretor de imóveis é fundamental para o fechamento de bons negócios. O bom profissional deve ser capaz de adaptar sua abordagem a cada situação, gerenciando as expectativas dos clientes e oferecendo soluções que atendam às necessidades de todos os envolvidos.

Capítulo 14: Casos Práticos e Exemplos de Negociações

O mercado imobiliário é repleto de nuances e desafios que exigem conhecimento técnico e habilidade nas negociações. Neste capítulo, vamos apresentar uma série de casos práticos que ilustram o que acontece no dia a dia de um corretor de imóveis. Esses exemplos irão destacar como os conceitos de avaliação imobiliária, técnicas de negociação, e entendimento das necessidades das partes envolvidas são aplicados na prática. Através desses casos, será possível entender melhor os desafios e as soluções que um corretor pode encontrar ao lidar com diferentes tipos de imóveis e perfis de clientes.

14.1. Caso 1: A Negociação de um Imóvel Comercial para Investimento

Contexto:
João, um investidor imobiliário, está procurando um imóvel comercial para abrir um novo ponto de venda de sua rede de lojas. Ele deseja encontrar um local com boa visibilidade, fácil acesso e alto fluxo de pessoas. Por outro lado, o vendedor, Carlos, quer vender o imóvel rapidamente, pois precisa de liquidez para outros investimentos.

Desafio:
O imóvel possui um preço acima do que o mercado tem mostrado para a região, o que torna a negociação mais difícil. Carlos está ciente de que o preço está elevado, mas reluta em reduzir o valor porque acredita que a localização do imóvel justifica o preço mais alto.

Estratégia de Negociação:

- **Pesquisa de mercado:** O corretor de imóveis, Lucas, realiza uma pesquisa de mercado detalhada para comprovar que o preço do imóvel está acima da média para a região e o tipo de comércio que João pretende instalar.

- **Proposta inicial e justificativa:** Lucas apresenta uma proposta inicial com um valor mais baixo do que o pedido por Carlos. Na justificativa, ele explica para Carlos que o imóvel pode ter valor mais alto, mas o mercado não está tão aquecido no momento e, portanto, o valor precisa ser ajustado.

- **Uso da técnica de urgência:** Lucas utiliza a técnica de urgência, informando que João está considerando outras opções e que, caso o preço do imóvel não seja ajustado, ele provavelmente não tomará uma decisão tão rapidamente.

Resultado:
Após algumas rodadas de negociação, Carlos aceita um valor reduzido, levando em consideração o fato de que João está pronto para fechar o negócio rapidamente. A negociação é bem-sucedida e ambas as partes ficam satisfeitas, com o comprador conseguindo um preço mais justo e o vendedor alcançando sua liquidez necessária.

14.2. Caso 2: Venda de Imóvel Residencial para Famílias com Orçamento Limitado

Contexto:
Maria e Carlos estão à procura de uma casa para comprar em uma área de classe média, mas têm um orçamento apertado devido ao valor das parcelas do financiamento. Eles encontram uma casa em um bairro promissor, mas o preço está um pouco acima do que eles podem pagar, sem comprometer seu orçamento familiar.

Desafio:
O vendedor, Roberto, está pedindo o valor total de R$ 350.000,00 pela casa, enquanto Maria e Carlos só têm condições de pagar R$ 330.000,00. O desafio é fazer a negociação funcionar sem prejudicar a viabilidade financeira dos compradores.

Estratégia de Negociação:

- **Concessões inteligentes:** O corretor, Eduardo, sugere que Roberto aceite o valor de R$ 330.000,00, mas com uma condição: os compradores assumem um custo adicional para cobrir o valor das reformas necessárias no imóvel.

- **Flexibilidade no financiamento:** Eduardo também propõe um acordo em que Roberto, se necessário, faça um parcelamento parcial da entrada, permitindo que Maria e Carlos paguem a diferença no prazo de 6 meses.

- **Demonstrando os benefícios de fechar o negócio rapidamente:** Eduardo fala sobre a demanda do mercado e como a venda rápida pode beneficiar Roberto, sem a necessidade de permanecer com o imóvel em estoque, incorrendo em custos adicionais com manutenção e impostos.

Resultado:
Roberto aceita a proposta de R$ 330.000,00, com o pagamento parcelado da entrada. Maria e Carlos ficam satisfeitos, pois conseguem adquirir a casa dentro do orçamento, e Roberto consegue realizar a venda de forma rápida, sem precisar baixar muito o preço.

14.3. Caso 3: Imóvel de Alto Padrão com Dificuldade em Fechar Negócio

Contexto:
Um imóvel de alto padrão foi colocado à venda por R$ 1.200.000,00, com toda a mobília inclusa e em uma localização de alto luxo. O proprietário, Marcos, está em um momento financeiro delicado e precisa vender o imóvel rapidamente, mas ele acredita que o preço pedido é justo.

Desafio:
O imóvel está em um mercado de alto padrão, onde há poucos compradores dispostos a pagar esse valor. Além disso, o imóvel está há 6 meses à venda, sem muito interesse, e a negociação está estagnada.

Estratégia de Negociação:

- **Ajuste do preço:** O corretor, Ana, sugere um ajuste no preço do imóvel. Ela argumenta que, embora o imóvel seja de alto padrão, a baixa demanda no mercado exige uma redução. Ela propõe que o valor seja reduzido para R$ 1.100.000,00.

- **Mostrar o diferencial do imóvel:** Ana foca em ressaltar o valor agregado ao imóvel, como a mobília inclusa, a localização e a exclusividade do bairro, destacando esses pontos nos anúncios e em todas as interações com potenciais compradores.

- **Técnica da urgência e do fechamento rápido:** Ana faz uso da técnica da urgência, informando aos compradores interessados que o proprietário está disposto a aceitar propostas com fechamento rápido, para evitar que o imóvel continue no mercado por mais tempo.

Resultado:
O imóvel é vendido por R$ 1.050.000,00, com um desconto em relação ao valor inicial pedido. Embora a venda tenha sido abaixo do valor pretendido, Marcos consegue vender o imóvel rapidamente e evitar maiores perdas financeiras. O comprador, por sua vez, sente que fez um bom negócio, considerando a exclusividade e a localização do imóvel.

14.4. Caso 4: Venda de Imóvel com Problemas Jurídicos

Contexto:
Fernanda possui um imóvel com problemas de documentação e pendências no registro de imóveis, mas deseja vender. O imóvel está avaliado em R$ 450.000,00, mas devido às pendências, a venda está sendo dificultada. O comprador em potencial, João, deseja o imóvel, mas só se as questões jurídicas forem resolvidas.

Desafio:
As pendências no imóvel precisam ser resolvidas para que a venda seja possível, mas o processo pode levar tempo, e João está preocupado com os riscos de adquirir um imóvel com problemas legais.

Estratégia de Negociação:

- **Proposta de solução de pendências:** O corretor, Beatriz, sugere que Fernanda resolva as pendências de forma gradual, com um acordo em que João pague uma parte do valor de entrada, mas com um contrato que garanta a devolução do dinheiro caso as pendências não sejam resolvidas.

- **Garantias legais:** Beatriz oferece a João garantias legais de que o imóvel será regularizado, proporcionando segurança jurídica durante todo o processo. Ela também propõe que a venda ocorra por meio de um **instrumento de promessa de compra e venda**, que detalha todas as condições para a regularização do imóvel antes do fechamento definitivo.
- **Desconto por risco:** Para compensar os riscos assumidos por João, Beatriz sugere um desconto de 10% no valor da venda, até que todas as pendências sejam resolvidas.

Resultado:
Após 6 meses, as pendências legais são resolvidas, e a venda é finalmente concluída. João obtém um imóvel com um desconto considerável devido ao risco, e Fernanda consegue vender a propriedade, mesmo com a situação jurídica delicada.

14.5. Conclusão do Capítulo 14

Os casos apresentados neste capítulo ilustram diferentes tipos de transações imobiliárias e as estratégias utilizadas para alcançar um acordo vantajoso para todas as partes envolvidas. Cada negociação é única, e as técnicas de negociação, bem como a capacidade de adaptação às necessidades e condições de cada caso, são essenciais para o sucesso no mercado imobiliário. Como corretor de imóveis, o conhecimento das condições do mercado, o entendimento das expectativas dos clientes e a capacidade de lidar com os desafios são fundamentais para realizar negociações bem-sucedidas.

Capítulo 15: Conclusão da Parte 1 do Livro

Ao desta parte 1 do livro, exploramos de forma detalhada as diversas facetas do mercado imobiliário brasileiro, desde as suas bases jurídicas e econômicas até as técnicas práticas de negociação e avaliação. O objetivo foi fornecer uma compreensão profunda do setor imobiliário, capacitando você, profissional da área, a lidar com os desafios diários, a realizar avaliações precisas e a conduzir negociações de forma eficaz.

15.1. A Importância do Conhecimento Técnico e Jurídico

A primeira lição que fica clara ao longo deste livro é a importância de um sólido embasamento técnico e jurídico no mercado imobiliário. O Brasil possui uma legislação complexa e dinâmica, que exige que os profissionais do setor estejam sempre atualizados sobre as leis, normas e regulamentações que afetam as transações de compra, venda e financiamento de imóveis. O conhecimento profundo do **direito civil**, especialmente nas questões relacionadas à propriedade, contratos e registros, é essencial para garantir que as transações sejam realizadas de maneira segura e eficaz.

15.2. O Papel do Corretor e Avaliador Imobiliário

A profissão de corretor de imóveis vai muito além de simplesmente intermediar transações. O corretor de imóveis é, na verdade, um consultor estratégico, um negociador habilidoso e, em muitos casos, um solucionador de problemas. Como vimos nos casos práticos, a habilidade de lidar com diferentes tipos de clientes, entender suas necessidades, oferecer soluções criativas e tomar decisões rápidas pode ser o diferencial que garante o sucesso de uma negociação.

Além disso, o papel do **avaliador imobiliário** também se mostrou crucial. Avaliar corretamente o valor de um imóvel, levando em conta não apenas suas características físicas, mas também o contexto do mercado e a legalidade da propriedade, é uma tarefa que exige precisão e conhecimento. A avaliação imobiliária é a base para uma negociação justa, seja para o comprador, para o vendedor ou para o banco que financia a compra.

15.3. A Negociação Imobiliária: Técnica, Paciência e Estratégia

A negociação é um dos pilares do mercado imobiliário, e cada transação possui seus próprios desafios. As técnicas de negociação que discutimos ao longo do livro, como a **técnica da ancoragem**, o uso de **flexibilidade no preço** e a criação de **urgência no fechamento** de negócios, são fundamentais para o sucesso de qualquer corretor. A habilidade de encontrar soluções que satisfaçam ambas as partes, equilibrando as necessidades dos compradores e vendedores, é o que torna um bom corretor um profissional de destaque no mercado.

Ademais, a paciência e a perseverança são virtudes indispensáveis em negociações imobiliárias. Muitas vezes, o processo pode ser demorado e exigir várias tentativas antes de se chegar a um acordo. No entanto, é importante sempre manter o foco no objetivo final e entender que cada negociação é uma oportunidade de aprendizado.

15.4. Desafios do Mercado Imobiliário e Oportunidades

Como em qualquer setor, o mercado imobiliário brasileiro enfrenta uma série de desafios. As flutuações econômicas, as mudanças na legislação, a alta carga tributária e os problemas de financiamento são apenas alguns dos obstáculos que os profissionais da área devem enfrentar. No entanto, cada um desses desafios também traz oportunidades para os que estão bem preparados.

A **adaptabilidade** é a chave para lidar com as mudanças e continuar prosperando. O corretor de imóveis que se mantém atualizado sobre as tendências do mercado e sabe como adaptar suas estratégias de acordo com o cenário econômico e social pode transformar desafios em oportunidades de crescimento. Como discutido ao longo do livro, um profissional bem-informado e proativo estará sempre à frente da concorrência.

15.5. Aplicação dos Conhecimentos no Mercado Prático

Este livro foi pensado para ser uma fonte de conhecimento prático. Os exemplos e casos abordados aqui foram cuidadosamente escolhidos para ilustrar como as teorias, as leis e as técnicas podem ser aplicadas no mercado imobiliário real. As ferramentas que você aprendeu ao longo dos capítulos – desde a análise de mercado, passando pela avaliação imobiliária, até as estratégias de negociação – são recursos poderosos que, se bem utilizados, podem transformar sua carreira como corretor de imóveis ou avaliador imobiliário.

Entender o **comportamento do mercado**, ter o domínio dos **instrumentos jurídicos** e ser hábil nas **estratégias de negociação** são os elementos que tornam o profissional da área imobiliária um especialista, capaz de atuar com competência, ética e sucesso.

15.6. A Ética no Mercado Imobiliário

Por fim, gostaria de destacar a importância da ética em todas as transações imobiliárias. A transparência, a honestidade e o respeito aos envolvidos em qualquer negociação são valores fundamentais que garantem a credibilidade e a confiança no mercado. Manter uma postura ética não só é crucial para o sucesso a longo prazo de um profissional, mas também é uma responsabilidade que deve ser levada a sério em todas as etapas do processo de compra e venda de imóveis.

15.7. Conclusão do Capítulo 15

O capítulo 15 reforça a importância de unir conhecimento técnico, jurídico e estratégico para uma atuação eficaz no mercado imobiliário. Ele destaca como a legislação, as técnicas de negociação e a avaliação de imóveis são pilares fundamentais para garantir transações seguras e bem-sucedidas. Além disso, enfatiza o papel do corretor e avaliador como profissionais essenciais para o equilíbrio entre as partes envolvidas e para o funcionamento ético e eficiente do setor. Assim, o capítulo sintetiza os principais aprendizados práticos e teóricos abordados, mostrando como aplicá-los no dia a dia do mercado.

PARTE 2

Capítulo 16: Guias Práticos para Compradores e Vendedores de Imóveis

16.1. Como Escolher o Imóvel Certo

A escolha de um imóvel é uma decisão estratégica e emocional. Para que ela seja bem-sucedida, é necessário alinhar suas necessidades pessoais ou empresariais com as características do imóvel e da localização. A seguir, apresentamos os pontos essenciais que devem ser considerados:

- **Localização**: A localização é, sem dúvida, um dos fatores mais importantes. Verifique a infraestrutura da região, como transporte público, escolas, hospitais, comércio e segurança. Além disso, avalie o potencial de valorização da área, considerando projetos de desenvolvimento futuro.

Exemplo prático: Se você está comprando um imóvel para investir, analise o crescimento da região nos últimos anos, o aumento no valor das propriedades e os planos de urbanização. Em áreas com novos empreendimentos planejados, como shopping centers ou empreendimentos imobiliários, a tendência é que os preços subam.

- **Tipo de imóvel**: Determine se você precisa de uma casa, apartamento ou imóvel comercial. A escolha deve considerar o seu estilo de vida ou a finalidade do investimento. Para investimentos, considere o tipo de imóvel que tem maior demanda na área.
- **Tamanho e disposição**: Verifique se o imóvel atende às suas necessidades de espaço, tanto em termos de metragem quanto de distribuição interna. Em imóveis comerciais, a divisão dos espaços pode impactar a funcionalidade do negócio.
- **Estado de conservação**: Avalie o estado geral do imóvel. Para imóveis antigos, verifique a estrutura, a elétrica, hidráulica, pintura e acabamentos. Se for um imóvel novo, analise a qualidade do acabamento e a reputação do construtor.
- **Orçamento e valor do imóvel**: Defina um orçamento e considere não apenas o valor do imóvel, mas também as despesas extras, como escritura, taxas de cartório e eventuais reformas.

16.2. Como se Preparar para a Compra de um Imóvel

A compra de um imóvel exige planejamento financeiro e documentação adequada. Aqui estão os passos essenciais para se preparar:

- **Análise financeira**: Antes de se aventurar na compra, faça um levantamento de sua situação financeira. Verifique o seu poder de endividamento e se o financiamento será viável. Considere a parcela de entrada, que pode variar de 20% a 30% do valor do imóvel.

Dica prática: Utilize simuladores de financiamento imobiliário oferecidos pelos bancos para calcular as possíveis parcelas, considerando diferentes prazos e taxas de juros.

- **Escolha do financiamento**: Caso precise de financiamento, escolha a modalidade que melhor se adapta à sua situação financeira. Entre as opções mais comuns estão o Sistema de Amortização Constante (SAC) e a Tabela Price. Ambas têm características distintas em relação ao valor das parcelas ao longo do tempo.
- **Documentação**: Certifique-se de que toda a documentação necessária está em ordem. Isso inclui comprovantes de identidade, comprovantes de renda, e, no caso de financiamento, a aprovação prévia do banco.
- **Verificação de pendências**: Verifique se o imóvel não possui dívidas ou pendências legais, como ações judiciais, hipotecas ou problemas com o IPTU. Uma consulta ao cartório de registro de imóveis pode evitar surpresas.

Exemplo prático: Se o imóvel que você está comprando tem uma pendência de IPTU, você será responsável por pagar essa dívida após a aquisição, além dos impostos futuros. Isso pode comprometer o seu orçamento.

16.3. O Processo de Venda: Passo a Passo

Para o vendedor, é fundamental compreender as etapas do processo de venda para garantir que a transação ocorra sem contratempos. Veja como proceder:

- **Preparação do imóvel**: Antes de colocar o imóvel à venda, faça uma avaliação cuidadosa de seu estado. Uma pintura nova ou pequenos reparos podem aumentar significativamente o valor percebido pelo comprador. Certifique-se de que o imóvel esteja limpo, bem iluminado e livre de obstruções.

Dica prática: Crie uma lista de verificação para garantir que todos os aspectos do imóvel estão em bom estado antes da visita de um comprador. Verifique desde a pintura até o funcionamento de torneiras e interruptores.

- **Definir o preço de venda**: A definição do preço é um dos momentos mais críticos na venda de um imóvel. Considere a média de preços na região, as condições do mercado e a avaliação de um profissional para definir o valor adequado. Evite exageros, pois isso pode desmotivar potenciais compradores.
- **Escolha do canal de venda**: A venda pode ser realizada diretamente ou por meio de um corretor de imóveis. Ao escolher um corretor, verifique sua experiência e reputação. Caso venda diretamente, use plataformas de venda online, redes sociais e outros meios de divulgação.
- **Documentação necessária**: O vendedor deve garantir que todos os documentos do imóvel estão regularizados, como o registro de propriedade, documentos fiscais, certidões negativas de débitos, entre outros.
- **Negociação**: A negociação deve ser feita com cautela. Seja transparente sobre as condições do imóvel e esteja preparado para ouvir propostas e contraofertas. A negociação é uma etapa delicada, e um bom corretor pode ser decisivo nesse processo.

16.4. Dicas para Primeira Compra de Imóvel

Para quem está comprando um imóvel pela primeira vez, o processo pode ser desafiador. Algumas dicas podem facilitar essa jornada:

- **Tenha paciência**: A compra de um imóvel não é uma decisão rápida. Dedique tempo para pesquisar e conhecer diferentes opções antes de decidir.
- **Peça ajuda profissional**: Caso não tenha experiência, contar com a assessoria de um corretor de imóveis pode facilitar muito o processo. Ele pode ajudar a identificar boas oportunidades e evitar armadilhas comuns.
- **Considere o futuro**: Avalie o imóvel não apenas de acordo com suas necessidades atuais, mas também com o seu plano a longo prazo. Será que o imóvel atenderá às suas necessidades no futuro? Considere fatores como a proximidade de escolas, transporte público e possibilidades de valorização.
- **Seja realista**: Não se deixe levar por propriedades que estão fora do seu orçamento. É importante ter uma visão realista da sua capacidade de compra, considerando todas as despesas envolvidas na transação.

16.5. Conclusão do Capítulo 16

A compra e venda de imóveis exigem planejamento, pesquisa e paciência. Para os compradores, o foco deve ser encontrar o imóvel que atenda às suas necessidades, dentro do orçamento, e com todas as condições legais em ordem. Para os vendedores, é fundamental preparar o imóvel para atração de compradores e garantir uma negociação transparente e eficaz. O auxílio de profissionais, como corretores e advogados especializados, é sempre recomendado para garantir que o processo ocorra de forma segura e eficiente.

Capítulo 17: Como Investir no Mercado Imobiliário de Forma Eficiente

17.1. A Importância do Mercado Imobiliário para o Investidor

O mercado imobiliário é uma das opções mais populares de investimento no Brasil e no mundo. Ele oferece oportunidades tanto para quem busca ganhos de curto quanto de longo prazo, e pode ser uma excelente forma de diversificar um portfólio de investimentos.

Por que investir em imóveis?

- **Segurança**: Em comparação com investimentos mais voláteis, como ações, os imóveis são geralmente considerados uma opção mais segura. Eles tendem a manter ou aumentar seu valor ao longo do tempo, especialmente em regiões em crescimento.
- **Rendimentos passivos**: O mercado imobiliário oferece a possibilidade de gerar uma fonte constante de rendimento por meio de aluguel, o que pode se traduzir em uma renda passiva estável.
- **Valorização**: Ao contrário de outros investimentos, como a bolsa de valores, os imóveis podem valorizar com o tempo, especialmente em locais que estão em processo de urbanização ou renovação.

Vantagens do mercado imobiliário:

- **Estabilidade**: O mercado imobiliário é conhecido por sua estabilidade, especialmente quando comparado com mercados financeiros mais voláteis.

- **Diversificação**: O investimento imobiliário pode ser uma forma de diversificar seu portfólio, reduzindo o risco geral de suas operações financeiras.
- **Valorização do patrimônio**: Imóveis bem localizados podem gerar ganhos substanciais devido à valorização ao longo dos anos.

17.2. Tipos de Investimentos Imobiliários

O primeiro passo para um investidor é escolher o tipo de imóvel e a modalidade de investimento que mais se adequa aos seus objetivos e perfil. Existem várias formas de se investir no mercado imobiliário, e cada uma delas tem suas características, vantagens e desvantagens.

1. **Compra para Revenda (Flipping)**
    - **Definição**: A compra de imóveis para revenda é uma estratégia comum entre investidores de curto prazo. O investidor adquire um imóvel, realiza reformas ou melhorias e o vende por um preço superior.
    - **Vantagens**: Potencial para grandes lucros em pouco tempo, especialmente quando o imóvel é adquirido abaixo do valor de mercado e é renovado com melhorias que agregam valor.
    - **Desvantagens**: Envolve risco de mercado, custos imprevistos com reformas e demora na venda.

2. **Compra para Aluguel**
    - **Definição**: Esta é uma estratégia de longo prazo, onde o investidor compra imóveis com o objetivo de gerar uma renda passiva por meio de aluguel.
    - **Vantagens**: Geração de receita mensal constante, possibilidade de valorização do imóvel ao longo do tempo.
    - **Desvantagens**: Riscos associados à inadimplência dos inquilinos, custos de manutenção e gestão do imóvel.

3. **Imóveis Comerciais**
    - **Definição**: Investir em imóveis comerciais envolve a compra de prédios, salas comerciais ou lojas para alugar a empresas ou profissionais autônomos.
    - **Vantagens**: Em áreas comerciais, os aluguéis podem ser mais altos do que os residenciais. Os contratos também costumam ser mais longos e oferecem maior segurança para o investidor.
    - **Desvantagens**: O mercado comercial pode ser mais suscetível à crise econômica e à vacância, o que pode afetar os aluguéis.

4. **Fundos Imobiliários (FIIs)**
    - **Definição**: Fundos de Investimentos Imobiliários são uma forma de investir no mercado imobiliário sem precisar adquirir diretamente imóveis. O investidor compra cotas de um fundo que possui uma carteira de imóveis e recebe dividendos provenientes dos aluguéis ou da venda de propriedades.

- **Vantagens**: Liquidez (possibilidade de vender as cotas rapidamente), diversificação, menor capital inicial necessário.
- **Desvantagens**: Rendimento variável, risco de vacância nos imóveis do fundo, taxas de administração.

5. **Crowdfunding Imobiliário**
   - **Definição**: O crowdfunding imobiliário permite que vários investidores se unam para financiar um projeto imobiliário. O investidor pode aplicar valores menores, e a plataforma faz a gestão do projeto.
   - **Vantagens**: Acesso a grandes empreendimentos com baixo valor inicial de investimento.
   - **Desvantagens**: Risco do projeto não ser concluído, rentabilidade variável, plataforma intermediária.

17.3. Como Avaliar o Potencial de um Imóvel para Investimento

Ao escolher um imóvel para investimento, é crucial realizar uma análise detalhada para garantir que a compra será rentável. Aqui estão os fatores que devem ser analisados:

1. **Localização**
   - A localização é um dos fatores mais importantes na valorização de um imóvel. Áreas com infraestrutura em crescimento, como novas linhas de transporte público ou empreendimentos comerciais, tendem a ter um grande potencial de valorização.

2. **Preço**
   - Compare o preço do imóvel com os valores praticados no mercado para imóveis semelhantes na região. Isso ajuda a identificar se o imóvel está sendo vendido a um preço justo ou se é possível negociar um valor mais baixo.

3. **Potencial de Valorização**
   - Verifique o histórico de valorização da região. Imóveis em regiões que estão passando por um processo de urbanização ou requalificação têm maior potencial de valorização.

4. **Rentabilidade**
   - Para imóveis de aluguel, calcule a rentabilidade bruta, que é a relação entre o valor do aluguel mensal e o valor do imóvel. Isso pode ajudar a entender o retorno esperado sobre o investimento.

5. **Condição do Imóvel**
   - Certifique-se de que o imóvel está em boas condições ou que as reformas necessárias podem ser feitas com um custo que não impacte negativamente no retorno do investimento.

17.4. Financiamento Imobiliário e Como Usá-lo a Seu Favor

O financiamento imobiliário é uma das formas mais comuns de aquisição de imóveis no Brasil. Quando usado corretamente, ele pode ser uma ferramenta poderosa para alavancar os investimentos, permitindo que o investidor adquira um imóvel com um aporte inicial menor.

1. **Análise de Crédito**
   - Antes de tomar um financiamento, o investidor deve avaliar seu perfil de crédito. Uma boa pontuação de crédito pode garantir uma taxa de juros mais baixa.

2. **Tipos de Financiamento**
   - **SFH (Sistema Financeiro de Habitação)**: Ideal para quem deseja comprar imóveis de menor valor, geralmente com juros mais baixos.
   - **SFI (Sistema de Financiamento Imobiliário)**: Utilizado para imóveis de maior valor, com condições de financiamento mais flexíveis, mas com juros mais altos.

3. **Taxas de Juros e Condições de Pagamento**
   - Compare diferentes ofertas de bancos e financeiras. Lembre-se de que a taxa de juros pode fazer uma grande diferença no valor final pago pelo imóvel.

4. **Alavancagem e Risco**
   - A alavancagem permite que você adquira um imóvel com um investimento inicial menor. Contudo, ela também aumenta o risco. Caso o imóvel não gere o retorno esperado, as parcelas do financiamento podem comprometer sua rentabilidade.

17.5. Aspectos Legais no Investimento Imobiliário

Investir no mercado imobiliário exige atenção às questões jurídicas. Certifique-se de que o imóvel está legalmente regularizado e livre de pendências. Isso inclui:

1. **Verificação da Documentação**
   - Confirme que a documentação do imóvel está em dia. Isso inclui escritura, registro no cartório, certidões negativas de débitos e eventual conformidade com o plano diretor da cidade.

2. **Análise de Contratos**
   - Quando for comprar um imóvel, atente-se para os detalhes do contrato, especialmente nas cláusulas relacionadas a prazos, encargos e possíveis penalidades.

3. **Impostos e Taxas**
   - Ao adquirir um imóvel, você deverá pagar impostos como o ITBI (Imposto de Transmissão de Bens Imóveis) e taxas de cartório. Se for comprar um imóvel para aluguel, o IPTU também será uma despesa recorrente.

4. **Evitar Fraudes**

- Esteja atento às possíveis fraudes imobiliárias, especialmente em transações de venda de imóveis com documentação irregular ou inexistente. Utilize sempre a orientação de um advogado especializado.

17.6. Como Maximizar os Lucros com Investimentos Imobiliários

1. **Renovações e Melhorias**
   - Realizar reformas em imóveis antigos pode aumentar significativamente seu valor de mercado. Invista em melhorias de acabamento, energia solar e eficiência energética, pois isso pode valorizar o imóvel e atrair inquilinos dispostos a pagar mais.

2. **Diversificação**
   - Não coloque todos os seus recursos em um único imóvel. Diversifique seus investimentos imobiliários, optando por imóveis de diferentes tipos e localizações.

3. **Gestão Eficiente**
   - Se você estiver alugando imóveis, mantenha uma boa relação com seus inquilinos e esteja atento à manutenção regular. Imóveis bem cuidados tendem a ter menos vacância.

Capítulo 18: Análise de Riscos no Mercado Imobiliário

18.1. A Importância da Análise de Riscos

A análise de riscos no mercado imobiliário é fundamental para qualquer investidor, pois o setor está exposto a uma série de variáveis que podem afetar o retorno do investimento. Esses riscos podem ser financeiros, operacionais ou até mesmo relacionados à segurança jurídica do ativo. Com a volatilidade da economia brasileira, a análise de risco se torna ainda mais essencial, pois fatores como mudanças nas políticas econômicas, taxas de juros e até crises sanitárias ou políticas podem afetar profundamente o mercado imobiliário.

Investir em imóveis exige uma compreensão completa dos riscos que podem surgir durante o ciclo do investimento. De maneira geral, a análise de riscos ajuda o investidor a tomar decisões mais embasadas, proporcionando um planejamento estratégico mais eficaz e uma maior previsibilidade em relação aos ganhos ou perdas.

18.2. Principais Riscos no Mercado Imobiliário

1. **Risco de Mercado**
   - O risco de mercado é um dos mais comuns e ocorre quando há uma variação no valor dos imóveis ou na demanda por eles. No Brasil, a crise econômica de 2015 a 2017, por exemplo, resultou em uma queda significativa no preço dos imóveis e na dificuldade de vendas. Isso ocorreu principalmente devido à retração do crédito, ao aumento do desemprego e à inflação elevada.
   - Fatores macroeconômicos, como uma recessão ou uma política monetária restritiva, afetam diretamente a demanda no mercado imobiliário. A baixa

confiança do consumidor durante crises, como a pandemia de COVID-19, também pode causar uma desaceleração na compra de imóveis.

2. **Risco de Liquidez**
    - O risco de liquidez refere-se à dificuldade que o investidor pode ter para vender um imóvel rapidamente sem sofrer perdas significativas. Em mercados de baixa demanda ou durante uma crise, imóveis podem ficar no mercado por meses, ou até anos, sem encontrar compradores. Além disso, imóveis de nicho ou fora de grandes centros urbanos podem ter mais dificuldade para atrair compradores, tornando mais difícil realizar uma venda no curto prazo.

3. **Risco de Vacância**
    - O risco de vacância ocorre quando o imóvel não consegue atrair inquilinos, o que pode afetar negativamente a rentabilidade do investidor. Esse risco é maior em imóveis comerciais ou de alto padrão, especialmente em áreas que sofrem com a saturação do mercado ou com uma baixa procura. Além disso, a vacância também pode ser uma consequência de uma crise econômica, onde as empresas cortam custos e diminuem sua demanda por espaços comerciais.

4. **Risco Legal e Regulatórios**
    - O risco legal é frequentemente negligenciado, mas envolve questões como a regularização do imóvel, disputas de posse e pendências fiscais. Imóveis que não têm escritura regularizada ou que possuem questões jurídicas pendentes podem causar prejuízos substanciais ao investidor. Recentemente, com a evolução da Lei Geral de Proteção de Dados (LGPD), questões de privacidade também devem ser consideradas, especialmente no caso de locação e comercialização de imóveis.

5. **Risco de Crédito**
    - No contexto de financiamentos imobiliários, o risco de crédito refere-se à possibilidade de inadimplência por parte do comprador ou inquilino. Se o comprador não pagar o financiamento, o imóvel pode ser retomado pela instituição financeira, o que implica uma perda para o investidor, especialmente se ele não tiver uma estratégia de mitigação de crédito, como a avaliação rigorosa de clientes e garantias de pagamento.

18.3. Como Minimizar os Riscos

A mitigação de riscos pode ser realizada por meio de diversas estratégias:

1. **Diversificação**
    - Uma das formas mais eficazes de reduzir o risco no mercado imobiliário é a diversificação de portfólio. Ao diversificar entre imóveis residenciais, comerciais, industriais e até imóveis de diferentes regiões, o investidor reduz a probabilidade de que um único evento negativo afete todo o portfólio.

2. **Due Diligence**

- A due diligence é uma avaliação detalhada do imóvel, da documentação legal e do mercado local. Isso envolve a verificação de questões fiscais, ambientais e urbanísticas que podem afetar a valorização do imóvel ou sua venda futura.

3. **Contratos Sólidos**
    - Em transações de compra e venda ou locação, contratos bem redigidos com cláusulas claras sobre prazos, condições e responsabilidades das partes podem evitar surpresas no futuro. Isso inclui a verificação de pendências fiscais e registros do imóvel.

Capítulo 19: O Impacto das Taxas de Juros no Mercado Imobiliário

19.1. Como as Taxas de Juros Afetam o Mercado Imobiliário

As taxas de juros são um dos principais indicadores da política monetária de um país e afetam diretamente o mercado imobiliário. No Brasil, onde o financiamento imobiliário é uma das principais formas de aquisição de imóveis, as variações nas taxas de juros têm impacto imediato na capacidade de compra dos consumidores e no custo do crédito.

Em 2023, por exemplo, o Banco Central do Brasil manteve uma política de juros elevados para combater a inflação. Isso resultou em uma redução na capacidade de compra da população, pois os juros para financiamentos imobiliários subiram consideravelmente, tornando os imóveis menos acessíveis para a maioria dos brasileiros. Por outro lado, em um cenário de juros baixos, a capacidade de financiamento aumenta, gerando mais procura por imóveis e impulsionando a valorização do setor.

19.2. Como as Taxas de Juros Afetam o Financiamento Imobiliário

1. **Taxa de Juros Alta**
    - Quando as taxas de juros estão altas, os custos do financiamento aumentam, o que reduz a demanda no mercado imobiliário. Em 2022, com a taxa Selic elevada a 13,75% ao ano, muitos compradores e investidores ficaram mais relutantes em assumir dívidas, o que esfriou o mercado.
    - Além disso, com o financiamento mais caro, os investidores também tendem a adiar projetos imobiliários e novas aquisições. Para quem já tem imóveis financiados, a elevação das taxas de juros pode dificultar a manutenção do fluxo de caixa.

2. **Taxa de Juros Baixa**
    - Com a queda das taxas de juros, o financiamento torna-se mais barato, estimulando a compra de imóveis. Um exemplo disso ocorreu em 2020, quando a taxa de juros caiu para níveis históricos de 2% ao ano, o que gerou um aumento na demanda por imóveis, especialmente no segmento residencial.
    - A diminuição dos juros também favorece investidores que buscam ampliar seus portfólios imobiliários, pois o custo do crédito reduz o montante total pago ao longo do tempo.

19.3. Como Aproveitar as Taxas de Juros Baixas no Mercado Imobiliário

Investidores experientes buscam aproveitar os períodos de juros baixos para fazer aquisições vantajosas. Algumas estratégias incluem:

1. **Aquisição de Imóveis com Potencial de Valorização**
   - Durante períodos de juros baixos, os investidores devem focar em imóveis que têm grande potencial de valorização, como aqueles localizados em áreas emergentes ou que passarão por projetos de infraestrutura.

2. **Refinanciamento de Imóveis**
   - Para quem já tem imóveis financiados, a queda da taxa de juros pode ser uma boa oportunidade para refinanciar as dívidas. Isso permite reduzir o custo do crédito e aumentar a rentabilidade do investimento.

3. **Compra de Imóveis para Locação**
   - Com o financiamento facilitado, a aquisição de imóveis para locação pode se tornar mais rentável, especialmente se a rentabilidade do aluguel superar o custo das parcelas do financiamento.

Capítulo 20: O Impacto da Economia no Mercado Imobiliário

20.1. A Economia Brasileira e o Mercado Imobiliário

O mercado imobiliário brasileiro é profundamente influenciado pelos ciclos econômicos, que por sua vez são afetados por fatores internos e externos. Em 2020, a pandemia de COVID-19 impactou de maneira drástica o mercado imobiliário, com uma queda acentuada nas vendas de imóveis e aumento de vacância, principalmente no setor comercial. Contudo, no final de 2020 e início de 2021, o setor demonstrou uma recuperação impressionante, impulsionada pela queda das taxas de juros e pelo aumento da demanda por imóveis residenciais em áreas periféricas.

1. **Crescimento Econômico e Valorização Imobiliária**
   - Em períodos de crescimento econômico, as pessoas se tornam mais confiantes em relação ao seu futuro financeiro, o que as leva a comprar imóveis. A renda mais alta e o aumento da disponibilidade de crédito geralmente impulsionam a demanda. Entre 2017 e 2019, a recuperação gradual da economia brasileira e a queda dos juros impulsionaram a valorização dos imóveis em várias regiões.

2. **Recessão e Queda no Mercado**
   - Em períodos de recessão, a incerteza econômica e o aumento do desemprego afetam diretamente o mercado imobiliário. A crise econômica de 2015 a 2017 é um exemplo claro, onde o mercado sofreu com a queda nos preços dos imóveis e a dificuldade em realizar vendas. A desaceleração da construção civil também gerou excesso de oferta e imóveis não vendidos.

20.2. Indicadores Econômicos e sua Influência no Mercado Imobiliário

Os indicadores econômicos mais relevantes para o mercado imobiliário incluem:

1. **Produto Interno Bruto (PIB)**
   - O crescimento do PIB está intimamente ligado à valorização imobiliária, pois um PIB positivo geralmente está relacionado ao aumento da confiança do consumidor e ao crescimento da renda, o que amplia a demanda por imóveis.

2. **Taxa de Desemprego**
   - A taxa de desemprego influencia diretamente a capacidade das pessoas de adquirirem imóveis. Em períodos de alto desemprego, há menos pessoas dispostas ou capazes de comprar imóveis, o que pode resultar em uma diminuição na demanda e na pressão sobre os preços.

3. **Inflação**
   - A inflação impacta o poder de compra dos consumidores. A inflação elevada reduz a capacidade das pessoas de adquirirem imóveis e pode forçar uma redução nos preços para estimular a demanda. Além disso, os custos de construção também aumentam com a inflação, afetando diretamente o mercado de imóveis novos.

20.3. Como Se Proteger em Tempos de Crise Econômica

1. **Diversificação de Investimentos**
   - Para mitigar os riscos de uma crise econômica, a diversificação de investimentos é uma estratégia fundamental. Investir em diferentes tipos de imóveis, além de outros ativos financeiros, como ações e títulos públicos, pode equilibrar os ganhos.

2. **Focar em Imóveis de Alta Liquidez**

Durante crises econômicas, imóveis em áreas de alta demanda e com boa liquidez, como imóveis comerciais localizados em centros urbanos, tendem a ser mais fáceis de vender ou alugar.

Capítulo 21: Conclusão Geral da Parte Dois

Nos capítulos finais deste livro, exploramos aspectos fundamentais e complexos que envolvem a prática profissional no mercado imobiliário brasileiro, consolidando um panorama abrangente sobre o setor. A parte dois se dedicou a aprofundar temas como o mercado de luxo, a sustentabilidade, as tendências tecnológicas, a internacionalização e a gestão de riscos, oferecendo aos leitores ferramentas para lidar com os desafios e aproveitar as oportunidades do setor contemporâneo.

21.1. Adaptação às Tendências e Inovação no Mercado

O mercado imobiliário não é estático; ele está em constante evolução, influenciado por fatores econômicos, sociais e tecnológicos. Os capítulos dedicados às tendências de sustentabilidade e tecnologia demonstraram que os profissionais que buscam se destacar precisam não apenas se adaptar às mudanças, mas também liderá-las. Iniciativas como construções sustentáveis, uso de tecnologias de inteligência artificial e digitalização de processos são diferenciais que já estão moldando o futuro do setor.

21.2. Oportunidades no Segmento de Imóveis de Luxo
Discutimos como o segmento de luxo representa um nicho de mercado promissor, mas desafiador. Entender as particularidades desse público, desde suas demandas personalizadas até as expectativas em relação a atendimento e exclusividade, é essencial para conquistar resultados expressivos. Esse nicho exige excelência em cada detalhe da negociação e na capacidade de oferecer soluções que vão além do produto em si, criando experiências únicas.

21.3. A Relevância da Sustentabilidade e Responsabilidade Social
A sustentabilidade não é mais uma tendência passageira, mas uma necessidade que influencia tanto investidores quanto consumidores. Os capítulos dedicados a este tema reforçam a importância de práticas ambientalmente responsáveis e de projetos que aliam inovação com preservação de recursos naturais. Adotar uma postura sustentável no mercado imobiliário não só atende a exigências regulatórias, mas também melhora a imagem da marca e a viabilidade econômica a longo prazo.

21.4. Gestão de Riscos e Internacionalização
A capacidade de gerenciar riscos foi destacada como um diferencial crucial para profissionais que desejam atuar em mercados dinâmicos. Desde os desafios financeiros até os jurídicos, identificar e mitigar riscos são habilidades indispensáveis para garantir a segurança de transações imobiliárias. Além disso, a internacionalização do mercado imobiliário abre novas possibilidades para quem está disposto a investir em conhecimento sobre regulamentações internacionais, culturas de negócios e estratégias de adaptação a mercados externos.

21.5. O Papel do Profissional Protagonista no Mercado Moderno
Os capítulos finais reiteram a importância de o profissional imobiliário assumir um papel ativo e protagonista em sua carreira. Aqueles que dominam não apenas os fundamentos técnicos, mas também as novas ferramentas e perspectivas apresentadas, estarão em posição de destaque em um setor cada vez mais competitivo e exigente.

21.6. Conclusão Final da Parte Dois
A parte dois deste livro foi elaborada para preparar você, leitor, para os cenários mais modernos e desafiadores do mercado imobiliário. Desde as demandas crescentes por inovação e sustentabilidade até a busca por novos horizontes no mercado de luxo e internacional, as estratégias apresentadas foram pensadas para capacitar profissionais a atuar com excelência e visão de futuro. O aprendizado contínuo e a capacidade de adaptação permanecem como pilares indispensáveis para o sucesso em um mercado tão dinâmico e repleto de possibilidades.

Considerações Finais

O mercado imobiliário é um setor dinâmico, complexo e em constante transformação. Este livro foi dividido em duas partes complementares, cada uma com o objetivo de oferecer ao leitor um panorama abrangente, prático e estratégico para lidar com os desafios e oportunidades desse universo.

Na **primeira parte**, abordamos as **bases técnicas e conceituais do mercado imobiliário brasileiro**, como os diferentes tipos de imóveis, as características de cada segmento e os fundamentos econômicos que influenciam o setor. Exploramos como os ciclos econômicos, a inflação, as taxas de juros e as políticas governamentais moldam o comportamento do mercado. Também foram discutidas estratégias para avaliação de imóveis, elementos técnicos da construção e as tendências que moldam o futuro do setor, como a digitalização, a sustentabilidade e as novas formas de habitação.

Na **segunda parte**, nos aprofundamos em aspectos jurídicos e operacionais cruciais para quem atua ou investe no setor. Detalhamos os trâmites de regularização fundiária, o papel fundamental das certidões, os diferentes tipos de usucapião, os cuidados com contratos e os aspectos de negociação. Apresentamos exemplos práticos, fluxogramas e checklists para facilitar a aplicação dos conceitos em situações reais. Além disso, abordamos a importância da segurança jurídica como pilar para garantir transações transparentes e seguras.

Integração entre Teoria e Prática

O livro foi estruturado para equilibrar a teoria com a prática, fornecendo ao leitor ferramentas que vão além do conhecimento superficial. Nosso objetivo foi capacitar tanto investidores quanto profissionais do setor a tomar decisões mais informadas e estratégicas. Ao compreender desde os fundamentos econômicos até as minúcias jurídicas e técnicas, o leitor está preparado para navegar com confiança pelo mercado imobiliário.

Oportunidades e Desafios Futuros

O mercado imobiliário continuará sendo um dos pilares da economia brasileira, com desafios e oportunidades únicas. A evolução das tecnologias, como blockchain para registros, inteligência artificial na avaliação de imóveis e plataformas digitais de compra e venda, já está transformando o setor. Da mesma forma, questões como sustentabilidade, urbanização acelerada e mudanças no perfil demográfico demandarão novas soluções e estratégias.

Mensagem Final

Este livro não é apenas um guia técnico, mas também um convite à reflexão. Seja você um investidor, um profissional do setor ou alguém curioso sobre o mercado imobiliário, o conhecimento aqui apresentado busca despertar a sua visão crítica e ajudá-lo a explorar todo o potencial que esse mercado oferece. O sucesso no mercado imobiliário vai além de transações bem-sucedidas; ele está na capacidade de construir um impacto positivo na sociedade por meio de soluções habitacionais, urbanas e financeiras.

Agradecemos por nos acompanhar nesta jornada e esperamos que este material seja uma fonte contínua de aprendizado e inspiração em sua trajetória no mercado imobiliário. Que suas decisões sejam sempre fundamentadas, estratégicas e frutíferas!

Apêndice

Apêndice A: Modelos de Contratos, Documentos e Formulários Úteis

Vamos para a parte final do livro: **Apêndices**. Aqui, vamos incluir três seções importantes: **Modelos de Contratos, Documentos e Formulários Úteis**, **Glossário de Termos Imobiliários e Jurídicos** e **Referências Legais e Bibliográficas**. Essas seções ajudam a complementar o conteúdo do livro, proporcionando ferramentas práticas para os profissionais que desejam aplicar o conhecimento adquirido.

Aqui, você encontrará modelos de documentos essenciais para a realização de transações imobiliárias, que podem ser adaptados às necessidades de cada negociação. A utilização de modelos bem estruturados é uma ferramenta importante para garantir a segurança jurídica e a transparência em todas as etapas do processo. Lembre-se sempre de revisar com um advogado, especialmente em negociações mais complexas.

A.1. Contrato de Compra e Venda de Imóvel

CONTRATO PARTICULAR DE COMPRA E VENDA DE IMÓVEL

Pelo presente instrumento particular de compra e venda, de um lado, **[Nome do Vendedor]**, **[Nacionalidade]**, **[Estado Civil]**, **[Profissão]**, residente e domiciliado à **[Endereço]**, portador do CPF nº **[CPF]**, e do outro lado, **[Nome do Comprador]**, **[Nacionalidade]**, **[Estado Civil]**, **[Profissão]**, residente e domiciliado à **[Endereço]**, portador do CPF nº **[CPF]**, têm entre si, justas e contratadas, as seguintes condições:

1. **Objeto do Contrato**: O vendedor se compromete a vender, e o comprador a comprar, o imóvel localizado à **[Endereço do Imóvel]**, com as características descritas na matrícula nº **[Número da Matrícula]** do Cartório de Registro de Imóveis de **[Cidade]**.

2. **Preço e Condições de Pagamento**: O preço total do imóvel é de R$ **[Valor]**, que será pago da seguinte forma:
   - Entrada de R$ **[Valor]** no ato da assinatura deste contrato;
   - O saldo de R$ **[Valor]** será pago em **[número de parcelas]** parcelas mensais de R$ **[Valor]**, com vencimento no dia [data] de cada mês.

3. **Transmissão da Propriedade**: A propriedade do imóvel será transferida ao comprador após o pagamento integral do valor acordado e a regularização do contrato junto ao Cartório de Registro de Imóveis.

4. **Despesas e Taxas**: Fica acordado que as despesas com escritura e registros serão arcadas por **[Parte responsável]**.

5. **Outras Cláusulas**: As partes acordam que este contrato será regido pelas disposições do Código Civil Brasileiro e pelas normas pertinentes ao setor imobiliário.

[Assinatura do Vendedor]
[Assinatura do Comprador]

A.2. Modelo de AVALIAÇÃO IMOBILIÁRIA

RELATÓRIO DE AVALIAÇÃO DE IMÓVEL

1. **Identificação do Imóvel**:
   - **Endereço**: [Endereço completo do imóvel]
   - **Matrícula no Cartório de Registro de Imóveis**: [Número da matrícula]
   - **Área**: [Área total em metros quadrados]

2. **Características do Imóvel**:
   - **Tipo de Imóvel**: [Residencial, Comercial, Industrial, etc.]
   - **Descrição**: O imóvel é composto por [**número de cômodos, pavimentos, tipo de acabamento, etc.**].

3. **Métodos de Avaliação Utilizados**:
   - **Comparação de Mercado**: Análise dos preços praticados para imóveis semelhantes na mesma região.
   - **Método da Renda**: Considerando o aluguel potencial do imóvel.
   - **Custo de Reposição**: Estimativa do custo para a construção do imóvel novo.

4. **Valor de Avaliação**:
   - O valor de mercado do imóvel foi estimado em **R$ [Valor]**, com base nas metodologias aplicadas.

5. **Conclusão**:
A avaliação foi realizada de acordo com as normas da ABNT (Associação Brasileira de Normas Técnicas) e em conformidade com a legislação vigente.

[Assinatura do Avaliador]
[Número de Registro do Avaliador]

Apêndice B: Glossário de Termos Imobiliários e Jurídicos

Este glossário contém definições essenciais de termos técnicos utilizados no mercado imobiliário e no direito, oferecendo uma referência rápida para os profissionais da área.

- **Averbamento**: Registro de alteração em um imóvel, como a mudança de estado civil do proprietário, na matrícula do imóvel.
- **Caucionar**: Garantir, assegurar algo, geralmente uma quantia, como garantia em contratos.
- **Cartório de Registro de Imóveis**: Órgão responsável pelo registro de imóveis e seus direitos, garantindo a publicidade e segurança jurídica das transações imobiliárias.

- **Contrato de Promessa de Compra e Venda**: Acordo firmado entre comprador e vendedor, em que se comprometem a realizar a transferência de um imóvel em determinado prazo.
- **Escritura Pública**: Documento formal, feito em cartório, que formaliza um ato jurídico, como a venda de um imóvel.
- **Hipoteca**: Garantia de pagamento de dívida, na qual o imóvel é dado como garantia.
- **Matrícula de Imóvel**: Registro único de um imóvel no Cartório de Registro de Imóveis, que contém informações sobre o histórico e as características do imóvel.
- **Outorga de Escritura**: Ato formal de assinatura do comprador e vendedor na escritura pública de compra e venda de imóvel.

Apêndice C: Referências Legais

Aqui estão algumas das principais fontes de consulta que fundamentam o conteúdo do livro, incluindo normas legais e bibliográficas de referência para aprofundamento.

- Código Civil Brasileiro - Lei nº 10.406, de 10 de janeiro de 2002.
- Lei dos Registros Públicos - Lei nº 6.015, de 31 de dezembro de 1973.
- Lei do Inquilinato - Lei nº 8.245, de 18 de outubro de 1991.
- Constituição Federal de 1988 - Título III, sobre direitos de propriedade e posse.
- Normas da ABNT - Associação Brasileira de Normas Técnicas, especialmente a NBR 14.653 sobre avaliação de imóveis.
- Manual do Corretor de Imóveis - Joaquim B. de A. Alves, Ed. Atlas.
- Avaliação Imobiliária - Princípios e Métodos - Luiz P. Lima, Ed. Cengage Learning

Apêndice – Parte 2: Complemento aos Capítulos 16 a 20

1. Fluxograma do Processo de Registro de Imóveis

Capítulo 16 - Regularização Fundiária

- **Passos Básicos:**
    1. Levantamento da documentação necessária (títulos de posse, certidões negativas).
    2. Contratação de profissional técnico (engenheiro, arquiteto).
    3. Elaboração do projeto de regularização.
    4. Apresentação do projeto ao município.

5. Aprovação e registro na matrícula do imóvel.

Exemplo Prático:
Imóvel localizado em área urbana consolidada sem escritura. Procedimento:

1. Requerer o usucapião administrativo no cartório de registro de imóveis.
2. Apresentar planta e memorial descritivo assinados por profissional habilitado.
3. Obter certidões negativas.
4. Registro do título definitivo no cartório.

---

2. Tabela Comparativa de Tipos de Usucapião

Capítulo 17 - Usucapião e Direito à Propriedade

Tipo de Usucapião	Requisitos	Prazo (anos)	Observações
Usucapião Ordinária	Posse contínua, com justo título e boa-fé.	10	Justo título pode ser contrato não registrado.
Usucapião Extraordinária	Posse contínua e sem contestação, independente de justo título.	15 (reduzido a 10)*	Boa-fé não é obrigatória.
Usucapião Familiar	Imóvel urbano até 250 m², abandono por cônjuge ou companheiro.	2	Somente um imóvel pode ser requerido.

---

3. Checklist de Certidões Necessárias

Capítulo 18 - Certidões Imobiliárias

- **Para o imóvel:**
    - Certidão de matrícula atualizada (últimos 30 dias).
    - Certidão negativa de ônus reais.
    - Certidão negativa de tributos municipais (IPTU).
    - Certidão de regularidade ambiental (se aplicável).
- **Para o vendedor:**
    - Certidão de quitação de tributos federais (Receita Federal).
    - Certidões negativas de débitos trabalhistas.
    - Certidão de interdição e tutela (cartório de registro civil).

---

4. Exemplo de Contrato com Cláusulas Importantes

Capítulo 19 - Contratos e Segurança Jurídica

Cláusula de Multa por Descumprimento:
"Em caso de inadimplemento por qualquer das partes, será aplicada multa correspondente a 10% do valor total do contrato, sem prejuízo de eventual rescisão."

Cláusula Resolutiva:
"O presente contrato será rescindido automaticamente caso o comprador não cumpra os prazos estipulados para pagamento ou obtenção de financiamento."

Cláusula de Arbitragem:
"As partes elegem a Câmara de Mediação e Arbitragem [nome], localizada na cidade de [localidade], para resolver eventuais conflitos decorrentes deste contrato."

---

5. Estudo de Caso: Negociação Complexa

Capítulo 20 - Negociações Imobiliárias Complexas

Contexto:
Venda de imóvel com litígio pendente em relação à posse.

1. Identificação das partes envolvidas (possuidor e proprietário).
2. Proposta de acordo amigável: pagamento parcial ao possuidor pela desocupação.
3. Elaboração de termo de acordo e homologação judicial.
4. Formalização da venda com cláusulas específicas para resolução de pendências.

---

6. Gráfico: Impacto dos Tributos no Custo Total de Transações Imobiliárias

- **ITBI**: Média de 2-5% do valor do imóvel, dependendo do município.
- **IR sobre ganho de capital**: Alíquota de 15-22,5%.
- **Outras taxas**: Custos cartoriais variam de 1-2% do valor do imóvel.

---

7. Referências Legislativas Complementares

- Lei de Usucapião Extraordinária: Código Civil, Art. 1.238.
- Requisitos para Certidões Imobiliárias: Lei nº 13.465/2017 (Regularização Fundiária).
- Arbitragem em Contratos Imobiliários: Lei nº 9.307/1996.

Esses apêndices fornecem uma base sólida de documentação, referências jurídicas e materiais de apoio que podem ser usados para uma prática profissional segura e eficiente no mercado imobiliário. Aconselha-se sempre consultar um advogado ou especialista para garantir que os contratos e documentos estejam de acordo com as leis vigentes.

Glossário de Termos Jurídicos

1. **Due Diligence**
   - **Definição**: Processo de investigação e auditoria realizado antes da aquisição de um imóvel ou empresa para garantir que não existam problemas legais, fiscais ou estruturais que possam comprometer o investimento.
   - **Relevância no Mercado Imobiliário**: É essencial para verificar a regularidade documental do imóvel, incluindo escritura, matrícula, certidões negativas e conformidade com regulamentações urbanísticas.
2. **Risco Legal**
   - **Definição**: Possibilidade de prejuízo devido a pendências ou irregularidades jurídicas associadas a um imóvel, como falta de escritura pública, litígios judiciais, disputas de posse ou não conformidade com leis ambientais e urbanísticas.
   - **Exemplo**: Um imóvel com disputas de herança pode ter sua venda questionada judicialmente, causando prejuízo ao comprador.
3. **Escritura**
   - **Definição**: Documento público, lavrado em cartório de notas, que formaliza a compra e venda de um imóvel, transferindo oficialmente a propriedade para o comprador.
   - **Importância**: Apenas com a escritura registrada no cartório de registro de imóveis é que o comprador se torna proprietário legal do imóvel.
4. **Matrícula do Imóvel**
   - **Definição**: Registro oficial de um imóvel no cartório de registro de imóveis, onde consta toda a história do bem, como proprietários anteriores, transferências, ônus ou restrições.
   - **Importância**: Fundamental para assegurar que o imóvel está regularizado e livre de impedimentos para venda.
5. **Contrato de Compra e Venda**
   - **Definição**: Documento legal que estabelece os direitos e obrigações entre comprador e vendedor na negociação de um imóvel. Pode incluir cláusulas sobre prazos, valores, multas e condições para a transferência de propriedade.
   - **Relevância Jurídica**: Um contrato bem redigido protege ambas as partes contra litígios futuros e garante o cumprimento dos acordos estabelecidos.
6. **Cláusulas Contratuais**
   - **Definição**: Disposições específicas contidas em um contrato que determinam as condições e regras aplicáveis à relação entre as partes envolvidas.
   - **Exemplo**: Cláusula de rescisão pode estipular multas ou condições para encerrar o contrato em caso de descumprimento.
7. **Certidões Negativas**
   - **Definição**: Documentos emitidos por órgãos públicos que comprovam a inexistência de débitos ou pendências legais associadas ao imóvel ou ao vendedor.
   - **Importância**: Garantem que o imóvel está livre de dívidas fiscais, trabalhistas ou judiciais, protegendo o comprador de possíveis prejuízos.
8. **Regularização Fundiária**

- **Definição**: Processo jurídico e administrativo que busca solucionar irregularidades na documentação de imóveis, conferindo legalidade à posse e permitindo seu registro.
- **Relevância**: É essencial em áreas onde propriedades não possuem registros formais ou onde existem disputas por títulos de posse.

9. **Lei Geral de Proteção de Dados (LGPD)**
    - **Definição**: Lei federal (Lei nº 13.709/2018) que regula o tratamento de dados pessoais no Brasil, aplicando-se a diversas áreas, inclusive transações imobiliárias.
    - **Impacto no Mercado Imobiliário**: Imobiliárias e administradoras devem garantir a proteção de dados dos clientes, como informações financeiras e pessoais.

10. **Ônus Real**
    - **Definição**: Restrição ou encargo registrado na matrícula do imóvel, que pode limitar seu uso ou alienação, como hipotecas, usufrutos ou penhoras.
    - **Importância**: Imóveis com ônus podem não estar aptos para venda ou locação até que as pendências sejam resolvidas.

1. Agradecimentos

"Gostaria de agradecer a todos os colegas do setor imobiliário que, com suas experiências e aprendizados, contribuíram diretamente para o conteúdo deste livro. Agradeço também à minha família e amigos pelo apoio constante e àqueles que acreditaram na importância de registrar este conhecimento. Agradeço especialmente ao IBREP que me possibilitou a formação de Técnico em Transações Imobiliárias e também ao Sr. Adriano Airton Ramos que foi meu supervisor de estágio no momento de minha formação. A jornada de escrever este livro foi desafiadora, mas, sem dúvida, gratificante."

2. Mensagem Final ao Leitor

"O mercado imobiliário é uma área rica e dinâmica, cheia de oportunidades para quem está disposto a aprender e se adaptar. Lembre-se de que o verdadeiro sucesso não é medido apenas pelas transações feitas, mas pelo impacto positivo que você tem na vida das pessoas e no mercado como um todo. Espero que este livro tenha servido como uma ferramenta de aprendizado e que as dicas, estratégias e conhecimentos compartilhados aqui se tornem parte do seu dia a dia, tornando-o um profissional ainda mais capacitado e preparado para os desafios que virão. Boa sorte em sua jornada no mercado imobiliário e que você construa uma carreira de sucesso e realizações!"

3. Chamada à Ação (CTA)

"Agora que você tem o conhecimento, é hora de aplicá-lo. Saia e faça a diferença no mercado imobiliário! Se você deseja continuar aprimorando suas habilidades, procure cursos especializados, participe de eventos do setor e mantenha-se atualizado. O sucesso está nas suas mãos!"

4. Referência a Outros Materiais Complementares

_"Para complementar seu aprendizado, recomendo os seguintes materiais:

- "Manual do Corretor de Imóveis" – Joaquim B. de A. Alves
- Cursos sobre Avaliação Imobiliária (disponíveis em plataformas como Coursera, Udemy e PROECCI)
- Podcasts sobre Mercado Imobiliário (como 'Imobiliário no Ar' e 'Corretores de Sucesso')."-

"Após concluir a leitura, é importante que você se concentre em algumas áreas chave do mercado imobiliário. Se sua preferência for a parte jurídica, por exemplo, estude mais sobre a legislação, contratos e registros de imóveis. Se sua paixão é a negociação, busque por técnicas avançadas de venda e persuasão. Não importa onde você se concentre, o importante é nunca parar de aprender e se aprimorar."

6. Feedback e Contato

"Sua opinião é muito importante para mim! Se você leu este livro e gostaria de compartilhar suas impressões, ou se tiver sugestões para novas edições, por favor, entre em contato pelo meu e-mail: israel_machado@creci.org.br. Estarei muito feliz em ouvir o que você pensa!"

Referências Bibliográficas

1. **Lei de Registros Públicos (Lei nº 6.015/1973)**
   - Disponível em: https://www.planalto.gov.br/ccivil_03/leis/l6015.htm
   - **Descrição**: Legislação brasileira que regula os serviços de registro público, incluindo o registro de imóveis, essencial para a regularização fundiária e transações imobiliárias.
2. **Código Civil Brasileiro (Lei nº 10.406/2002)**
   - Disponível em: https://www.planalto.gov.br/ccivil_03/leis/2002/l10406.htm
   - **Descrição**: Estabelece as normas gerais para contratos, direitos de propriedade, e ônus reais, fundamentais para transações imobiliárias e negociações.
3. **Lei Geral de Proteção de Dados Pessoais (LGPD) - Lei nº 13.709/2018**
   - Disponível em: https://www.planalto.gov.br/ccivil_03/leis/L13709.htm
   - **Descrição**: Normatiza o tratamento de dados pessoais no Brasil, com impacto direto na gestão de informações por imobiliárias e administradoras de imóveis.
4. **DINIZ, Maria Helena.**
   - **Título**: Curso de Direito Civil Brasileiro – Vol. 3: Direito das Coisas.
   - **Editora**: Saraiva, 2020.
   - **Descrição**: Aborda conceitos como propriedade, posse e ônus reais, com explicações detalhadas sobre contratos de compra e venda e matrícula de imóveis.
5. **COUTO, José dos Santos.**
   - **Título**: Regularização de Imóveis – Como Resolver Questões Jurídicas e Documentais.
   - **Editora**: Fórum, 2021.
   - **Descrição**: Guia prático sobre o processo de regularização fundiária, escrituração e registro de imóveis, destacando os desafios legais enfrentados no mercado imobiliário brasileiro.

6. **CRECI-SP. Conselho Regional de Corretores de Imóveis de São Paulo.**
    - **Título**: Manual de Orientação Jurídica para Corretores de Imóveis.
    - Disponível em: https://www.creci.org.br
    - **Descrição**: Manual voltado para profissionais do setor, cobrindo documentação imobiliária, certidões negativas e práticas legais na corretagem.
7. **FERRARI, Flávio Augusto de Almeida.**
    - **Título**: Contratos Imobiliários: Prática e Teoria.
    - **Editora**: Atlas, 2022.
    - **Descrição**: Explora os contratos imobiliários, com destaque para as cláusulas contratuais e sua importância na segurança jurídica das negociações.
8. **GOMES, Orlando.**
    - **Título**: Contratos.
    - **Editora**: Forense, 2021.
    - **Descrição**: Um clássico do direito contratual que aborda princípios e fundamentos aplicáveis a contratos de compra e venda de imóveis.
9. **RODRIGUES, Silvio.**
    - **Título**: Direito Civil - Volume 4: Direitos Reais.
    - **Editora**: Saraiva, 2022.
    - **Descrição**: Detalha aspectos dos direitos reais sobre imóveis, como hipotecas, penhoras e garantias, fundamentais para o entendimento do ônus real.
10. **PORTAL JURÍDICO IMOBILIÁRIO.**
    - Disponível em: https://www.jusbrasil.com.br

www.ingramcontent.com/pod-product-compliance
Lightning Source LLC
Chambersburg PA
CBHW070210230526
45471CB00002B/904